AF544184

Lilith Hildebrand

Ressource Spiritualität?

Lilith Hildebrand

Ressource Spiritualität?

Empirische Erkenntnisse aus der Arbeit mit trauernden Menschen

Hartung-Gorre Verlag Konstanz

MenschenArbeit. Freiburger Studien **BAND 39**

Herausgegeben von
Michael N. Ebertz, Werner Nickolai und Martin Becker

Bibliografische Information Der Deutschen Bibliothek
Die Deutsche Nationalbibliothek verzeichnet diese Publikation in der Deutschen Nationalbibliografie; detaillierte bibliografische Daten sind im Internet über http://dnb.d-nb.de abrufbar.

Erste Auflage 2020
HARTUNG-GORRE VERLAG KONSTANZ
ISSN 1431 - 3553
ISBN-10: 3-86628-672-4
ISBN-13: 978-3-86628-672-6

Für meine Eltern,

Felsen in den Brandungen des Lebens

Inhalt

VORWORT *von Michael N. Ebertz*

Menschen leben nicht vom Geld allein ... nicht von Bildung allein ... nicht von sozialen Beziehungen allein ... nicht vom Brot allein ... Und sie leben von Voraussetzungen, die sie selbst nicht gewährleisten können. Brauchen sie – das sind ‚wir' – nicht auch Religiöses, Frommes, Spirituelles? Diese Frage ist eine empirische, und empirisch ist schon längst klar, dass Religiosität, Frömmigkeit und Spiritualität zu unterscheiden sind. Es kann schon sein, dass auch die Religiösen von Spiritualität reden und auch die Frommen; aber die, die sich für ‚spirituell' halten, reden in der Regel nicht davon, dass sie auch fromm seien – und auch nicht unbedingt religiös. Spirituelles hat sich der Kontrolle der Kirchen und Religionsgemeinschaften entzogen, es hat ihre Grenzen überschritten, ist, so gesehen, säkular geworden, säkularisiert worden. In dieser Entgrenzung weist der Begriff aber zugleich über das rein Säkulare, Weltliche, Mundane hinaus – aber wohin?

Die Freisetzung des Spirituellen aus der Kontrolle der religiösen Institutionen hat auch die Antwort auf diese Frage entgrenzt. Jede und jede kann sie stellen und geben, mehr an Verbindendem und Verbindlichkeit ist da nicht (mehr) zu haben. Das Spirituelle ist nicht mehr definierbar, wird amorph und uneindeutig. Es ist „etwas nicht Festgelegtes", wie es in der vorliegenden Arbeit heißt. Es ist etwas „ganz Weites", sagt eine andere Person, die Lilith Hildebrand interviewt hat. Aber die, die den Ausdruck verwenden – nicht alle beteiligen sich daran –, deuten über den Alltag hinaus. Es gibt ein „Geheimnis hinter oder über unserem normalen Leben" – das glauben fast drei Viertel der von uns einmal in Hessen repräsentativ Befragten, mehr Frauen (80%) als Männer (66%), aber auch die noch in Zweidrittelstärke (vgl. Michael N. Ebertz/Meinhard Schmidt-Degenhard, Was glauben die Hessen?, Berlin 2014). Dabei kann das Geheimnis des Lebens als kosmische Energie (‚kosmische Spiritualität') oder ‚Natur' gedeutet werden oder seine Deutung speist sich aus alternativen kulturellen

Quellen, die nicht zum vorherrschenden Kanon der westlichen Gesellschaften und ihrer kulturellen Tradition zählen. Auch der eigenen Projektionsphantasie und Synkretismusfreude sind anthropologisch kaum Grenzen gesetzt, und sozial dürfen sie heute ohne negative Folgen kommuniziert werden. Im Kontext einer gesellschaftlichen Situation der religiösen Unbestimmtheit oder Offenheit, einer „Auflösung des Religiösen", des „Abbröckelns der klaren Grenzen des religiösen Feldes" (Pierre Bourdieu, Die Auflösung des Religiösen, in: Ders.: Rede und Antwort. Frankfurt 1992, 231–237) alter Art zirkuliert mit dem ‚Geheimnis' über oder hinter dem normalen Leben somit ein verbaler Platzhalter für die Bezugnahme auf Transzendentes; für alles, was „jede verengte materialistisch-wissenschaftliche Sicht des Lebendigen sprengt" (Hans Waldenfels, Weg in die Mitte. Spiritualität in nichtchristlichen Religionen, in: Hauptabteilung Schule/Hochschule des Erzbischöflichen Generalvikariates Köln, Hg., Weltgeistlich, Köln 2002, 23-39, hier 26), ohne dass sein Gebrauch dazu zwingt, sich dogmatisch oder institutionell festzulegen. Spiritualität steht dafür, *„dass es mehr gibt, als die sichtbare Welt"*, sagt eine von Lilith Hildebrand befragte Person. Das ist möglicherweise aus religiös offizieller – etwa kirchlicher – Sicht zu wenig, obwohl damit eine allgemeine Ansprechbarkeit signalisiert wird. Selbst Menschen, die sich als Polytheist*innen oder Atheist*innen selbstbeschreiben, können sich in diesem Sinn für spirituell halten und an ein Geheimnis über oder hinter dem Alltag mit seinen ökonomischen, kulturellen und sozialen Kapitalien glauben.

Das Spirituelle ist aus der Steuerung der religiösen Institutionen in die Regie zum einen (a) der Individuen übergegangen. Diese Individualisierung, ja Singularisierung von ‚Spiritualität' funktioniert nach dem Motto: ‚Was spirituell heißt, definiere ich!'. Gegenwärtig wollen die Individuen ihre Spiritualität nicht mehr von den Institutionen vertreten werden, sondern unvertretbar erfahren, erleben, erspüren. Das sagt selbst die Mehrheit der von uns repräsentativ befragten Caritas-Mitarbeiter*innen (vgl. Michael N. Ebertz/Lucia Segler, Spiritualitäten als Ressource für eine dienende Kirche, Würzburg 2016). Die Sorge, dass mit ‚spirituell' immer noch Religiöses, gar Frommes gemeint sein könnte, schwingt auch noch in den Interviews der vorliegenden Arbeit mit. Bei dem ‚Erspüren' geht es um vielerlei, zunächst aber um ein Gespür für das eigene Leben mit dem eigenen Leib. Der Leib ist der jedem Menschen „in der vorbegrifflichen Lebenserfahrung das Nächste als der Herd und Umschlagplatz aller Empfänglichkeit und reagierenden Initiative", wie der Philosoph Hermann Schmitz (Der Leib, Berlin 2011, 153) schreibt. Der Leib ist für ihn „der Ausgangs- und Bezugspunkt unserer gesamten Wahrnehmung, unseres Erlebens und Fühlens [...]. Wenn ich vom Leib spreche", sagt er, „dann meine ich nicht den menschlichen Körper, den wir betasten und über unsere fünf Sinne wahrnehmen können, sondern all die Regungen, die wir in dessen Gegend spüren. Beispielsweise Hunger, Lust, Angst oder Frische" (Hermann Schmitz, Gefühle sind keine Privatsache, in: Philosophie-Magazin, H. 2/2017;https://philomag.de/gefuehle-sind-keine-privatsache/). Leiblich ist also, „was jemand in der Gegend [...] seines Körpers von sich selbst (als zu sich selber, der hier und jetzt ist, gehörig) spüren kann, ohne sich der fünf Sinne [...] zu bedienen" (Schmitz 2011, 5). Es geht darum, „sich selbst zu spüren, wie kein anderer einen spüren kann", und sich einer im Alltag häufig „verdeckten Wirklichkeit" zu nähern (Schmitz 2017). Wenn ‚Spiritualität' das Übersteigen einer Grenze zu einem Geheimnis hinter oder über meinem alltäglichen Leben ist, dann lässt sich hier mit dem Philosophen der neuen Phänomenologie (Schmitz 2017) sagen:

> *„Der Leib überschreitet die Grenzen des biologischen Körpers. Das Behagen in der warmen Badewanne zum Beispiel endet nicht mit der Haut, sondern verschwimmt ins Wasser. Der gespürte Leib ist also völlig anders ausgedehnt als der fleischliche Körper. Man kann das Verhältnis von Körper und Leib mit dem Verhältnis von Gesang und Sängerin vergleichen. Ihr Gesang lässt sich in seiner Entstehung auf*

ihren Sprechapparat, also den Körper zurückführen, aber anders als dieser dehnt er sich unteilbar, flächen- und randlos aus".

Das Überschreiten des Alltags hin zu einem ,Geheimnis' darüber oder dahinter kann also schon – ganz praktisch – in der Badewanne beginnen, wenn es auch dort nicht enden muss. Auch der Gesang außerhalb der Badewassers oder das Schweigen in der Trockenheit der Wüste kann für Spiritualität öffnen. Dann gehen vielleicht, wie Thomas Luckmann sagen würde, die ,kleinen Transzendenzerfahrungen' in ,große Transzendenzerfahrungen' über – in Träume und Ekstasen (vgl. Thomas Luckmann, Die unsichtbare Religion, Frankfurt 1991, 167ff). Vielleicht werde ich darüber auch sensibilisiert für weitere Überschreitungen.

Zum anderen (b) ist das Spirituelle inzwischen auch in die Regie von nichtreligiösen Profis, z.B. der Medizin und der Psychotherapie, übergegangen. In der heutigen Zeit, so schreibt die Ärztin Gabriele Stotz-Ingenlath (Spiritual Care in den Gesundheitsberufen – Notwendigkeit und Grenzen. In: Einblicke. Journal der Hochschule [KHSB], Sommersemester, 4-11, hier 5), werde „Seel-sorge [...] eher von Expert*innen in Psychiatrie, Psychotherapie, Heilpraxis oder Pflege erwartet als von Geistlichen". In Deutschland wurde 2010 erstmals an der LMU München eine Professur für Spiritual Care eingerichtet, 2015 folgte eine ähnliche Professur in der Schweiz. Eine „Internationale Gesellschaft für Gesundheit und Spiritualität (IGGS)" gibt die Zeitschrift „Spiritual Care" heraus. „Schulungen in ,Spiritual Care' werden z.B. für niedergelassene und Hausärzt*innen, für Beschäftigte in Behinderteneinrichtungen und Altenheimen, für Pflegeberufe, für Sozialarbeiter*innen und für Klinikseelsorger*innen angeboten" (Stotz-Ingenlath 2019, 6). Inzwischen gibt es einschlägige Forschungen mit standardisierten Fragebögen, z.B. den „SPNQ", den „Spiritual Need Questionaire", der von dem Arzt Arndt Büssing entwickelt und in verschiedene Sprachen übersetzt wurde.

Ist es nicht auch an der Zeit, das Spirituelle für die Soziale Arbeit zu entdecken – die ja schon lange nicht mehr defizitorientiert vorgeht, sondern ressourcenorientiert? Wäre es nicht ein professionelles Defizit, wenn die Soziale Arbeit die Ressource der Spiritualitäten bei ihren Klient*innen brach liegen ließen? Was für ein Widerspruch einer ressourcenorientierten Profession, die Ressourcen ignoriert, nur um sich vielleicht – wie seinerzeit die Lehrerschaft oder die Pflegekräfte – aus der christlichen oder kirchlichen Tradition zu ‚emanzipieren'. Die vorliegende Arbeit von Lilith Hildebrand ‚inspiriert' dazu, dass Spiritualität auf den Ressourcenschirm der Sozialen Arbeit gelangt. Und dies macht die Autorin auch noch in einer methodisch vorzüglichen, ja vorbildlichen Qualität. Dies gilt für ihre Führung von problemzentrierten Expert*inneninterviews mit Personen, die auf ‚Trauerarbeit' spezialisiert sind, ebenso wie für ihre Sorgfalt bei der Inhaltsanalyse der davon erstellten Transskripte. Man muss nicht erst in die Wüste gehen, um ein spirituelles Leben zu führen oder Spiritualitäten zu entdecken. Die Begegnungen mit dem oder der Anderen in der Sozialen Arbeit – den Klient*innen oder Kolleg*innen – sind Gelegenheiten genug für sogenannte ‚mittlere Transzendenzerfahrungen' (Luckmann 1991, 168). Was ihr den Geringsten getan habt, das habt ihr mir getan? Das ist dann schon wieder ‚religiös', ‚christlich', und vom Spirituellen vielleicht doch nicht so weit entfernt ...

Michael N. Ebertz, Freiburg 15.07.2020

EINLEITUNG

Soziale Arbeit gilt als ressourcenorientierte Profession. Im Studium wird den Studierenden dies als grundlegende Haltung vermittelt. Ausgehend davon hat jeder Mensch Ressourcen, die er aktivieren kann und die zur Problembewältigung beitragen können. Die Zuschreibung eigener Ressourcen an die Klient*innen der Sozialen Arbeit richtet sich auf Selbstwirksamkeit und Selbstvertrauen mit dem Ziel einer Verbesserung ihrer Lebensqualität (vgl. Willutzki 2013, S. 61–62).

Eine ressourcenorientierte Haltung inkludiert Offenheit und Empfänglichkeit für alle möglichen Kraftquellen. Im Laufe meines Studiums wurde diese Haltung gelehrt und gelernt und mit verschiedenen Ansätzen gespeist. Die Dimension der Spiritualität als Ressource spielte dabei nahezu keine Rolle. Lediglich in einem Seminar beschäftigten wir uns mit dem Thema Spiritualität. Die Frage *„Was ist Spiritualität?"* wirkte bei mir lange nach und wurde zur Motivation für diese Arbeit.

Die Arbeit ist somit ein Annäherungsversuch an den Begriff der Spiritualität und ihrer Wirkmächtigkeit, die anhand einer Forschung mit Trauerbegleiter*innen geprüft wird. Es wäre naiv zu erwarten, dass Spiritualität als Ressource ein Alleinstellungsmerkmal hätte. Auf Grundlage des Kapitalbegriffs nach Pierre Bourdieu werden weitere essentielle Ressourcen beschrieben, die sich gegenseitig bedingen und beeinflussen. Gerade für die Soziale Arbeit, die den Menschen in all seinen Facetten und mit all seinen Ressourcen sieht, ist es bedeutsam, sich auch mit der Ressource der Spiritualität zu beschäftigen.

Die vorliegende Arbeit widmet sich zunächst den theoretischen Grundlagen: In Kapitel 1 wird Bourdieus Kapitaltheorie beschrieben und um die psychische Ressource erweitert (Kapitel 2), hierfür steht passend das Konzept der Salutogenese des Medizinsoziologen Aaron Antonovsky. Das 3.

Kapitel beschäftigt sich mit der Suche nach einer Definition von Spiritualität, deren Begriff zwar unterschieden werden muss zu Religion und Religiosität, jedoch nicht getrennt von ihnen zu betrachten ist. Anschließend wird Spiritualität als Dimension von Gesundheit betrachtet. Weshalb Spiritualität als Ressource dient, wird anhand von vier Thesen dargelegt. Bezogen auf den Kontext der Interviews, die mit Trauerbegleiter*innen durchgeführt wurden, widmet sich das 4. Kapitel krisenhaften Erfahrungen und der *Warum?*-Frage, die wie sich herausstellt, von essentieller Bedeutung im Trauerprozess ist.

In Kapitel 5 werden Fragestellung und Ziel der Forschung exploriert, im darauffolgenden Kapitel wird dann auf das methodische Vorgehen des Forschungsprozesses eingegangen. Als Erhebungsmethode dient das problemzentrierte Interview nach Witzel, bei der Auswertung wurde die qualitative Inhaltsanalyse nach Mayring angewandt. Des Weiteren erfolgt in Kapitel 7 die ausführliche Darstellung der Ergebnisse, die in acht Thesen gegliedert ist. In der darauffolgenden Diskussion werden die Ergebnisse in Bezug zum zuvor erarbeiteten theoretischen Hintergrund gebracht.

Zum Schluss wird die Forschung einer kritischen Prüfung unterzogen und zu einem Weiterdenken angeregt.

Das vorliegende Buch wurde als Bachelorarbeit an der Katholischen Hochschule Freiburg verfasst. Für das Vorwort bedanke ich mich bei Herrn Prof. Dr. Michael Ebertz, der mein Interesse für soziologische Sachverhalte geweckt hat. Danke für inspirierende Gespräche und kritische Rückmeldungen. Weiter danke ich meinem Zweibegutachter Herrn Prof. Dr. Bernd Hillebrand für seine konstruktive Unterstützung.

1 KAPITALTHEORIE

Zunächst wird die Kapitaltheorie nach dem französischen Soziologen Pierre Bourdieu (1930-2002) beschrieben. Wie nachfolgend erläutert wird, weitet Bourdieu den Kapitalbegriff über den ökonomischen Aspekt aus. Kapital kann synonym mit dem Begriff der Ressourcen verwendet werden. Für die Beschreibung der Theorie wird der Begriff des Kapitals verwendet, im weiteren Verlauf wird dann der Begriff der Ressource durchgängig gebraucht.

Im Zentrum der Kapitaltheorie nach Bourdieu steht die soziale Ungleichheit, die besagt, dass es eine ungleiche Verteilung von Ressourcen gibt, die zur Durchsetzung eigener Ziele und Bedürfnisse gebraucht werden. Den Begriff des Kapitals, der bis dahin hauptsächlich in der Ökonomie vorzufinden war, verwendet Bourdieu für alle Formen sozialen Austauschs (vgl. Koller 2010, S. 139). Dies unterscheidet die Begriffsbestimmung von der marxistischen Denkweise, in der Kapital rein ökonomisch definiert wird. „Dieser wirtschaftswissenschaftliche Kapitalbegriff reduziert die Gesamtheit der gesellschaftlichen Austauschverhältnisse auf den bloßen Warentausch, der objektiv und subjektiv auf Profitmaximierung ausgerichtet und vom (ökonomischen) *Eigennutz* [Hervorhebung im Original] geleitet ist. Damit erklärt die Wirtschaftheorie implizit alle anderen Formen sozialen Austauschens zu nicht-ökonomischen, *uneigennützigen* [Hervorhebung im Original] Beziehungen" (Bourdieu 1983, S. 184). Der Kapitalbegriff wird von Bourdieu vor allem „wegen dessen formalen (und nicht inhaltlichen) Kriterien" (Jurt 2012, S. 23) verwendet. Es geht dabei um „Akkumulationsstrategien, um die Transmission eines Erbes, um Gewinnschöpfung" (Jurt 2012, S. 23).

Ein weiteres Merkmal des Kapitalbegriffs ist die Gesetzmäßigkeit. „Auf das Kapital ist es zurückzuführen, daß die Wechselspiele des gesellschaftlichen Lebens, insbesondere des Wirtschaftslebens, nicht wie einfache Glücksspiele verlaufen, in denen jederzeit eine Überraschung möglich ist" (Bourdieu 1983, S. 183). Bourdieu führt diese Unterscheidung an, weil Glücksspiele „ziemlich genau dem Bild eines Universums vollkommener Konkurrenz und Chancengleichheit, einer Welt ohne Trägheit, ohne Akkumulation und ohne Vererbung von erworbenen Besitztümern und Eigenschaften" (Bourdieu 1983, S. 183) entspricht. Bourdieu unterteilt den Kapitalbegriff in drei Sorten: das ökonomische Kapital, das soziale und das kulturelle Kapital, die im Folgenden erklärt werden.

1.1 Ökonomisches Kapital

Hierbei handelt es sich um das wohl wichtigste Kapital, das die anderen Arten bedingt. Das ökonomische Kapital entsteht durch akkumulierte Arbeit, also ein Ansammeln von z.B. Arbeitserträgen. Unter dem Aspekt der Verwendung ist es eine Ressource, da es alle Formen materiellen Besitzes impliziert und durch Geld eingetauscht werden kann (vgl. Koller 2010, S. 140; Fuchs-Heinritz und König 2011, S. 163).

1.2 Kulturelles Kapital

Diese Kapitalsorte ist unter dem Aspekt der Entstehung als akkumulierte Arbeit zu fassen. Es geht darum, Geld und Zeit zu investieren, um bestimmtes Wissen und Fähigkeiten zu erlangen. Das kulturelle Kapital kann unter dem Gesichtspunkt der Verwendung als Ressource in vielerlei Hinsicht eingesetzt werden. Im Vergleich zum Begriff des Humankapitals, der die Investition in Menschen bezeichnet, beschränkt sich das kulturelle Kapital nicht nur auf finanzielle Investitionen, sondern bezieht alle Arten von Investition mit ein (vgl. Koller 2010, S. 141).

Bourdieu unterteilt das kulturelle Kapital in drei verschiedene Formen:

1.2.1 Inkorporiertes Kulturelles Kapital

Hierbei handelt es sich um Bildungskapital, das sich die*der Eigentümer*in selbst erwerben muss. Diese Form des kulturellen Kapitals zeichnet aus, dass etwas verinnerlicht werden muss und somit auch körpergebunden ist. Als inkorporiert werden alle Fähigkeiten und Kenntnisse bezeichnet, die der Person nicht angeboren sind. Die Zeit, die jede einzelne Person benötigt, um sich Wissen anzueignen, muss sie persönlich aufwenden und diese Arbeit kann nicht an andere übertragen werden. Die erworbene Bildung wird dann aber zum Bestandteil dieser Person und kann ihr nicht weggenommen werden. Darüber hinaus kann das inkorporierte kulturelle Kapital nicht an andere weitergegeben werden, wie es beim ökonomischen Kapital vorzufinden ist. Welchen Wert das inkorporierte kulturelle Kapital hat, hängt von seinem Seltenheitswert ab. Hat man beispielsweise als einzige Person unter Analphabeten Lesen und Schreiben gelernt, so ist der Seltenheitswert dieser Fähigkeit hoch. Entscheidend für das kulturelle Kapital sind die Herkunftsfamilie und das Milieu, in dem ein Kind seine Primärerziehung genießt. Bourdieu spricht von *sozialer Vererbung*, denn Wissen und Fähigkeiten werden bewusst oder unbewusst innerhalb der Familie an die nächste Generation weitergegeben. Da es eine gesellschaftliche Ungleichheit an zur Verfügung stehenden Mitteln für die Investition in Bildung gibt, wird durch diese Form das Problem verschärft (vgl. Koller 2010, S. 141–142).

„Daraus folgt, daß die Übertragung von Kulturkapital zweifellos die am besten verschleierte Form erblicher Übertragung von Kapital ist. Deshalb gewinnt sie in dem System der Reproduktionsstrategien von Kapital um so mehr an Gewicht, je mehr die direkten und sichtbaren Formen der Übertragung sozial mißbilligt und kontrolliert werden“ (Bourdieu 1983, S. 188).

1.2.2 Objektiviertes kulturelles Kapital

Die objektivierte Form kulturellen Kapitals – bestehend aus Büchern, Kunstwerken, Musikinstrumenten – kann materiell übertragen und somit leicht in ökonomisches Kapital konvertiert werden. „Übertragbar ist allerdings nur das juristische Eigentum. Dagegen ist dasjenige Merkmal, das die eigentliche Aneignung erst ermöglicht, nicht (oder nicht notwendigerweise) übertragbar: nämlich die Verfügung über kulturelle Fähigkeiten, die den Genuß eines Gemäldes oder den Gebrauch einer Maschine erst ermöglichen [...]" (Bourdieu 1983, S. 188).

Die materielle Aneignung solcher Güter setzt also nur ökonomisches Kapital voraus und kann problemlos auf andere übertragen werden. Für die symbolische Aneignung, also die eigentliche Verwendung der Güter, braucht es inkorporiertes kulturelles Kapital, denn die Fähigkeiten und Kenntnisse müssen körpergebunden angeeignet werden (vgl. Koller 2010, S. 144).

1.2.3 Institutionalisiertes kulturelles Kapital

Institutionalisiert tritt Kulturkapital in Form von Titeln und Abschlüssen auf, die von offiziellen Institutionen vergeben und gesamtgesellschaftlich anerkannt werden. Die durch Bildung erworbenen Urkunden haben juristisch garantierten Wert. Es erfolgt eine scharfe Trennung zwischen der Person, die bestanden hat und somit das Zertifikat bekommt und derjenigen, die nicht ausgezeichnet wurde und somit ihre Fähigkeit immer aufs Neue beweisen muss (vgl. Jurt 2012, S. 27–28). „Im krassen Unterschied zu den Inhabern eines kulturellen Kapitals ohne schulische Beglaubigung, denen man immer abverlangen kann, den Beweis für ihre Fähigkeiten anzutreten, da sie nur sind, was sie tun, schlichte Produkte ihrer kulturellen Leistung, brauchen die Inhaber von Bildungspatenten [...] nur zu sein, was sie sind, da doch der Wert ihrer Handlungen und Taten sich einzig und allein am Wert ihrer selbst, deren Urheber, bemißt [...]" (Bourdieu und Russer 1998, S. 48–49).

Um allerdings diese Titel zu erwerben, muss Zeit und ökonomisches Kapital investiert werden, stets mit der Hoffnung, dass sich der Aufwand lohnt und das Erlangen von Titeln sich in materiellem und symbolischem Nutzen auszahlt (vgl. Jurt 2012, S. 27–28). Bourdieu spricht von einem „Wechselkurs" (Bourdieu 1983, S. 190) der ermittelt werden kann, denn der Titel ist das Ergebnis einer Konvertierung von ökonomischem in kulturelles Kapital.

1.3 Soziales Kapital

Soziales Kapital wird von Bourdieu wie folgt definiert: „Das Sozialkapital ist die Gesamtheit der aktuellen und potenziellen Ressourcen, die mit dem Besitz eines dauerhaften Netzes von mehr oder weniger institutionalisierten *Beziehungen* [Hervorhebung im Original] gegenseitigen Kennens oder Anerkennens verbunden sind; oder, anders ausgedrückt, es handelt sich dabei um Ressourcen, die auf der *Zugehörigkeit zu einer Gruppe* [Hervorhebung im Original] beruhen" (Bourdieu 1983, S. 190–191). Personen können unter dem Aspekt der Verwendung auf Ressourcen zurückgreifen, wenn sie Mitglieder einer Gruppe sind und ein Netz an sozialen Beziehungen pflegen. Die Sozialkapitalbeziehungen unterliegen ständigem Austausch gegenseitiger Anerkennung und Wertschätzung, denn sie erhöhen die Chance, bei entsprechender Gelegenheit auf Unterstützung der Gruppenmitglieder zu bauen. Unter dem Gesichtspunkt der Entstehung ist soziales Kapital akkumulierte Arbeit in der Hinsicht, dass die Beziehungen aufgebaut und aufrechterhalten werden müssen. Bourdieu fasst dies unter dem Begriff der „*Beziehungsarbeit* [Hervorhebung im Original]" (Bourdieu 1983, S. 193) auf. Um die Ressourcen, die ein Beziehungsnetz beinhalten kann, aufrechtzuerhalten, muss permanent Beziehungsarbeit geleistet werden, z.B. in dem gegenseitige Anerkennung zugesichert wird. Dies unterliegt keiner Uneigennützigkeit, wird doch Zeit und Geld investiert, um im Fall des Falles auf Unterstützung durch bestehende Beziehungen zurückgreifen zu können. Es besteht durchgehend die Unsicherheit, ob die*der Beziehungspartner*in den erhofften Beitrag auch leistet. Bourdieu will mit dem sozialen Kapital einen Erklärungsansatz liefern, weshalb Menschen mit vergleichbarer Verfügung über ökonomisches und kulturelles Kapital unterschiedliche Erfolge erzielen, weil sie auf unterschiedlich weite Beziehungsnetze zurückgreifen können (vgl. Koller 2010, S. 146; Fuchs-Heinritz und König 2011, S. 168–170).

1.4 Symbolisches Kapital

Wie man annehmen könnte, handelt es sich beim symbolischen Kapital jedoch um keine weitere Kapitalsorte, ihm wird eine übergeordnete Rolle zugeteilt. Durch das Einsetzen einer der drei Kapitalsorten kann symbolisches Kapital erlangt werden, in Form von sozialer Anerkennung, Ansehen, Ehre oder Prestige. Es verstärkt die Bedeutung und akzentuiert die Anerkennung des jeweiligen Kapitals in der Gesellschaft. Das symbolische Kapital kann jedoch nicht von einem Bereich auf den anderen übertragen werden: Das Ansehen, das eine Person beispielsweise im wirtschaftlichen Bereich hat, verhilft ihr nicht automatisch zu gleichem Ansehen in einem anderen Feld (vgl. Jurt 2012, S. 36).

Erst später erweitert Bourdieu die Definition des symbolischen Kapitals um einen weiteren Aspekt: die Religion. Der Bedeutungsverlust der Religionen führt dazu, dass sich die Menschen nach einem anderen Lebenssinn ausrichten. Die Rechtfertigung ihres Daseins, ihren Lebenssinn, suchen sie nun in der Anerkennung anderer (vgl. Fuchs-Heinritz und König 2011, S. 173). Laut Bourdieu vergibt „die soziale Welt [...] das seltenste Gut überhaupt: Anerkennung, Ansehen, das heißt ganz einfach Daseinsberechtigung. Sie ist imstande, dem Leben Sinn zu verleihen, und indem sie ihn zum höchsten Opfer weiht, selbst noch dem Tod" (Bourdieu 2004, S. 309).

2 Salutogenese

Als psychische Ressource wird hier das Modell der Salutogenese des israelisch-amerikanischen Medizinsoziologen Aaron Antonovsky (1923-1994) beschrieben, das sich der Entstehung und Erhaltung von Gesundheit widmet. In wie weit es Berührungspunkte mit Spiritualität hat, wird am Ende dieses Kapitels erörtert. Zuerst wird auf den Hintergrund und die wesentlichen Aspekte der Salutogenese eingegangen.

Das Modell der Salutogenese entstand zu einer Zeit, in der eine grundlegende Auseinandersetzung mit dem Begriffsverständnis von Gesundheit und Krankheit stattfand. Zwischen Gesundheit und Krankheit wird die Annahme einer dichotomen Trennung behauptet. Vertreter*innen der gesundheitsorientierten Sicht der Medizin richten ihre Aufmerksamkeit auf die Erhaltung von Gesundheit ihrer Patient*innen und deren Bewahrung vor Krankheit. Vertreter*innen der traditionell krankheitsorientierten Sichtweise „konzentrieren sich auf die Behandlung der Kranken, wobei sie bestrebt sind, Tod und Chronifizierung vorzubeugen und, wenn möglich, Gesundheit wieder herzustellen" (Antonovsky 1997, S. 23). Aaron Antonovsky prägt dem gegenüberstellend den Begriff des „Gesundheits-Krankheits-Kontinuums" (Antonovsky 1997, S. 23). Gesundheit und Krankheit sind demnach keine Zustände, die sich strikt voneinander abgrenzen, sondern sind Pole eines Kontinuums, die in einer „dynamischen Wechselbeziehung" (Köppel 2003, S. 17) stehen. Im Laufe unseres Lebens bewegen wir uns fortwährend zwischen diesen Polen hin und her, ein Zustand vollkommener Gesundheit bzw. vollkommener Krankheit ist für lebende Organismen nicht zu erreichen. Damit stellt sich Antonovsky nicht auf eine Seite der oben genannten Betrachtungsweisen, sondern will beide vereinen, wenngleich er auch das Ziel hat, das Individuum dahingehend zu befähigen, sich dem Pol der Gesundheit zu nähern (vgl. Köppel 2003, S. 17).

Der durch Antonovsky geprägte zentrale Begriff der Salutogenese ist der des Kohärenzgefühls (sense of coherence, SOC). Dies ist *„eine globale Orientierung, die ausdrückt, in welchem Ausmaß man ein durchdringendes, andauerndes und dennoch dynamisches Gefühl des Vertrauens hat* [Hervorhebung im Original]" (Antonovsky 1997, S. 36). Das Kohärenzgefühl befähigt, die Welt in bestimmter Weise zu sehen, nämlich verstehbar, handhabbar und bedeutsam. Diese Komponenten des Kohärenzgefühls nach Antonovsky sollen nachfolgend kurz definiert werden (vgl. Antonovsky 1997):

Gefühl der Verstehbarkeit (sense of comprehensibility): Internes oder externes Erlebtes kann von Personen mit einem hohen Maß an Verstehbarkeit als sinnhaft, strukturiert und vorhersehbar eingestuft werden. Das Gegenteil wäre ein „Rauschen – chaotisch, ungeordnet, willkürlich, zufällig und unerklärlich" (Antonovsky 1997, S. 34). Personen, die in einem hohen Maße das Gefühl der Verstehbarkeit haben, sind fähig, die Zusammenhänge des Lebens einzuordnen. Negative, plötzlich auftretende Stimuli, wie Krankheit, Tod etc., die ihnen in Zukunft begegnen könnten, können eingeordnet und erklärt werden. Solche Ereignisse werden als Erfahrung gewertet, als Herausforderung, die verarbeitet werden und mit der man im Leben umgehen kann. Demgegenüber bezeichnen sich Personen mit einem niedrigen Kohärenzgefühl als Pechvogel, als jemand, dem unglückliche Dinge zustoßen – ein Leben lang (vgl. Antonovsky 1997, S. 34–35).

Gefühl der Handhabbarkeit/ Bewältigbarkeit (sense of manageability): Dieses Gefühl wird im Verständnis von optimistischem Vertrauen, Lebensaufgaben zu meistern, gesehen (vgl. Jork 2003, S. 18). Für die herausfordernden Aufgaben des Lebens stehen geeignete Ressourcen zur Verfügung, „die man selbst unter Kontrolle hat oder solche, die von legitimierten anderen kontrolliert werden [...], von jemandem, auf den man zählen kann, jemandem, dem man vertraut" (Antonovsky 1997, S. 35). Dieses Jemand kann auch der Glaube an Gott oder eine andere höhere Macht sein. Es schließt die Überzeugung mit ein, dass das eigene Leben gestaltbar und veränderbar ist.

Gefühl der Bedeutsamkeit/ Sinnhaftigkeit (sense of meaningfulness): Diese Komponente bezieht sich auf die emotional-motivationale Sicht des Kohärenzgefühls. Die Bedeutsamkeit wird in Verbindung gebracht mit dem Ausmaß, mit dem man das eigene Leben als sinnvoll betrachtet. „[D]aß wenigstens einige der vom Leben gestellten Probleme und Anforderungen es wert sind, daß man Energie in sie investiert, daß man sich für sie einsetzt und sich ihnen verpflichtet, daß sie eher willkommene Herausforderungen sind als Lasten, die man gerne los wäre" (Antonovsky 1997, S. 35–36). Die Anforderungen des Lebens sind ihre Anstrengung und ihren Einsatz wert.

Auch im Hinblick auf Stressoren unterscheiden sich die Orientierungen der Medizin. Die pathogene Sichtweise sieht Stressoren als Risikofaktoren, die es zu reduzieren gilt. Sie verfolgt die Annahme, dass Stressoren schädlich für den Organismus sind (vgl. Antonovsky 1997, S. 26). Antonovsky spricht von einer „Allgegenwart von Stressoren" (Antonovsky 1997, S. 26). Dem salutogenetischen Konzept nach sind Stressoren eben einfach vorhanden und nicht grundsätzlich pathologisch. Sie werden als Anforderungen definiert, auf die der Organismus „keine direkt verfügbaren oder automatischen adaptiven Reaktionen hat" (Antonovsky 1997, S. 26), dadurch lösen sie einen Spannungszustand aus. Stressoren nicht als grundsätzlich schlecht zu bewerten, sondern als Herausforderungen des Lebens zu sehen, setzt Sinnhaftigkeit voraus, die das Individuum dem Stressor zuordnet. Dazu muss erstens der Spannungszustand wahrgenommen und zweitens geeignete Fähigkeiten zur Stressbewältigung und Problemlösung eingesetzt werden. Kann der Stressor erfolgreich bewältigt werden, erhöht dies das Kohärenzgefühl und der gesunde Bereich des Krankheits-Gesundheits-Kontinuums wird gestärkt. Um die Anforderungen der Stressoren bewältigen zu können, benötigt das Individuum bestimmte Fähigkeiten oder Faktoren, die Antonovsky *generalisierte Widerstandsressourcen* nennt. Dazu zählen beispielsweise Intelligenz, physische Disposition, soziale Unterstützung, aber auch finanzielle Sicherheit. Generalisierend sind diese Widerstandsressourcen, weil sie situationsunabhängig immer unterstützend und förderlich wirken (vgl. Jork 2003, S. 19; Köppel 2003, S. 19–20).

Spirituelle Menschen werden die Komponenten des Kohärenzgefühls bestätigen können. „Der «spirituelle Mensch» [Hervorhebung im Original] hat selbstverständlich Sinnbezüge, er wird im Rahmen dieser spirituellen Sicht im Allgemeinen die Welt auch eher als geordnet erleben, wenngleich nicht notwendig als Resultat seiner Weltsicht auch besser handhabbar" (Möller 2007, S. 166).

3 Spiritualität

Spiritualität hat Hochkonjunktur. Der Religionssoziologe Michael Ebertz schreibt: „Der Eindruck wächst, nicht wüste Säkularität, sondern ‚Spiritualität' habe ‚Religiosität' und ‚Frömmigkeit' abgelöst" (Ebertz 2004, S. 13). In Buchhandlungen füllen sich Regale mit Literatur über vielfältige spirituelle Erfahrungen oder mit Ratgebern und Selbsthilfebüchern, wie Spiritualität erlebbar gemacht werden kann. Beschäftigt man sich mit Spiritualität und den Effekten dessen, was sie bewirken kann, wird schnell deutlich wie weit gefächert der Begriff ist. Eine Antwort auf die Frage, was Spiritualität ist, gestaltet sich als sehr komplex.

3.1 SPIRITUALITÄT IN ABGRENZUNG ZU RELIGION UND RELIGIOSITÄT

Bevor der Begriff der Spiritualität erörtert und in seinen Facetten beschrieben wird, soll folgend der Versuch einer Abgrenzung zu Religion und Religiosität unternommen werden.

Unter Religiosität versteht Arnulf Möller den individuellen Ausdruck von Glauben, der nicht zwingend an eine religiöse Organisation gebunden ist. Religiosität wird vielmehr als „Einstellung verstanden, der die Annahme einer Gottesexistenz zugrunde liegt" (Möller 2007, S. 165). Der Psychologe Harald Walach definiert Religiosität als „eine im Rahmen einer verfassten Religion gelebte Spiritualität" (Walach 2011, S. 32). Es geht dabei nicht um Handlungen, die doktrinär, also extrinsisch motiviert sind, sondern um Handlungen und Haltungen, die sich von innen heraus ergeben.

Spiritualität und Religion sind sich überschneidende und dennoch zu trennende Begrifflichkeiten. Nach Steinmann (vgl. Steinmann 2008) betrifft die Überschneidung vor allem die intrinsische Religiosität (Abb. 1, Bereich C), bei der das Individuum aus innersten Impulsen religiös und spirituell handelt, um so einen tieferen Lebenssinn zu erfahren. Der sich nicht überschneidende Teil von Religion ist die extrinsische Religiosität (Abb. 1, Bereich B), deren Ausleben sich stark normativ an eine Religion bindet. Die extrinsische Religiosität bezieht auch ein negatives Gottesbild ein, einen Gott, der Abweichungen der religiösen Normen mit Krankheit und Tod bestraft (vgl. Steinmann 2008, S. 65–66). Eine solche Religiosität kann sich negativ auf die Gesundheit und das psychische Wohlbefinden auswirken (vgl. Walach 2011, S. 33).

Religion hat in ihrer intrinsischen Dimension einen spirituellen Charakter. Gleichwohl ist es zu kurz gedacht, Spiritualität allein auf die religiöse Komponente zu reduzieren. Der Bereich der Spiritualität, der nicht den Teil der intrinsischen Religion überdeckt, weist „darauf hin, dass Spiritualität auch ausserhalb jeglicher Zugehörigkeit zu einer Religionsgemeinschaft oder institutionalisierten Religion gelebt werden kann. In dieser Form ist und wirkt Spiritualität religions- und konfessionsübergreifend" (Steinmann 2008, S. 67) (Abb.1, Bereich A).

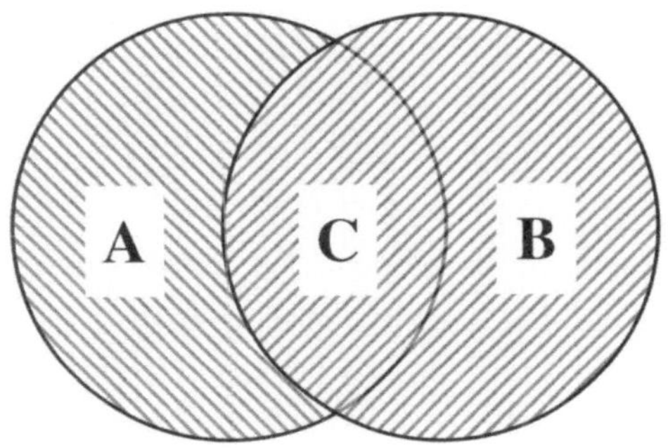

A Spiritualität: transkonfessionell
B Extrinsische Religiosität: normative Religion
C Intrinsische (spirituelle) Religiosität

Abbildung 1: Verhältnis von Spiritualität und intrinsisch-extrinsische Religiosität (Steinmann 2008, S. 66)

3.2 Spiritualität – die Suche einer Definition

Die Wurzeln des Begriffs Spiritualität werden erstmals ca. 200 n. Chr. dokumentiert, sie leiten sich vom lateinischen Wort *spiritualis* ab, einer Übersetzung des biblisch-griechischen Begriffs *pneumatikos*. Er wird verwendet, um die Unfassbarkeit zu beschreiben, die einem Menschen bei der Taufe widerfährt (vgl. Steinmann 2008, S. 59).

Spiritualität kann „als Hingabe an, als Sehnsucht nach, besser: als Offenheit und Öffnung des Menschen für das Geheimnis des – rational nicht verrechenbaren – Lebens und einer sich daraus entwickelnden verinnerlichten Glaubenshaltung auch in der alltäglichen Lebensführung" (Ebertz

2004, S. 15) beschrieben werden. Das Transzendente hat sich pluralisiert, das was „über und hinter den Dingen" (Ebertz 2004, S. 14) steht, ist offen und unbestimmbar.

Spiritualität dient als „verbaler Platzhalter für die Bezugnahme auf Transzendentes" (Ebertz 2004, S. 16). Sie wird aus ihrer „traditionale[n] und institutionelle[n] Verankerung" (Ebertz 2004, S. 15) gelöst, denn die Mehrheit der deutschen Bevölkerung hat sich losgesagt von einem christlichen Gottesbild. Die Gesellschaft ist offen für transzendente Kräfte und unbestimmt in Bezug auf Religionen. Die Ausübung von Spiritualität ist heutzutage nur noch wenig institutionell gebunden.

Spiritualität ist auch deshalb so inflationär in Gebrauch, weil es kein universelles Modell mehr gibt, das auf die Sinnfragen der Menschen antwortet. Kirchliche Werte und Normen werden in der Gesellschaft kaum noch gestützt. Darüber hinaus bekommen jene traditionellen kirchlichen Modelle Konkurrenz von „Geistlichen neuen Schlags, also [...] von Lebensberatern, Psychologen, Sozialarbeitern, Ärzten, Lehrern für Gymnastik und Ausdruckstanz, d.h. auch [...] von theologischen ‚Laien' und Nicht-Klerikern" (Ebertz 2004, S. 13). Die Transzendenzmodelle der christlichen Institutionen sind nur noch eine Art von vielen, wie Spiritualität erfahrbar gemacht werden kann. „Angesichts [...] des Monopolverlusts der Kirchen und ihrer Geistlichen im religiösen Feld werden alternative kulturelle Quellen zur Deutung des Geheimnisses des Lebens immer breiteren Bevölkerungskreisen sozial zugänglich bzw. verlieren ihre Tabus" (Ebertz 2004, S. 19).

Doch schon allein die christliche Religion pflegt eine Vielzahl an spirituellen Haltungen und Praktiken, betrachtet man die Unterschiede von katholischer und evangelischer Spiritualität und die sich unterscheidenden Methoden von Spiritualität in den Ordensgemeinschaften. Es ist also vielmehr im Plural von Spiritualität zu sprechen – Spiritualitäten. In unserer pluralistischen Gesellschaft können Kirchenmitglieder außerkirchliche spirituelle Angebote wahrnehmen, genauso wie Religionslosen die Tür zu christlichen spirituellen Praktiken offen steht. Pluralität und Individualisierung kennzeichnen die Ausübung von Spiritualität. Das Individuum entscheidet selbst, an wem und woran es seine Spiritualität ausrichtet und wie es diese definiert und auslebt. Die Erschließung der eigenen Spiritualität, Glaubenshaltungen zu verinnerlichen und verfestigen, werden genährt durch eine vielfältige Bandbreite an Methoden, zum Beispiel durch Meditation, Fasten, Singen und Symbolik. Die angewandten Techniken haben das Ziel der Selbst- und Gotteserfahrung, sie formen die individuelle Spiritualität (vgl. Ebertz 2004, S. 21).

„‚Spirituell' sein, heißt heute weniger, ein festes – ‚objektives' – Lebensziel vor sich zu sehen und seine Lebensführung daran auszurichten, als sich [...] auf den Weg zu machen, um ein solches Ziel zu finden und vielleicht selbst erst zu kreieren [...]" (Ebertz 2004, S. 28).

Spiritualität kann verstanden werden als Suche des Menschen nach dem Verhältnis zu sich selbst, seinen Mitmenschen und seiner Umwelt. Sie inkludiert eine prinzipielle Offenheit für die transzendente Dimension. „Über Spiritualität verfügen wir nicht als festes Instrument unserer Lebensführung. Eher schon ergreift uns Spiritualität, widerfährt sie uns als nie abgeschlossenes Geschehen der eigenen Umwandlung. Sie stellt sich ein, macht sich bemerkbar in den verschiedensten Phasen und Stationen unserer persönlichen Lebensgeschichte. Sie kann sich zu erkennen geben in den großen wie kleinen Erfahrungen unseres Lebens, in denen wir das überraschend Neue oder auch die ungeahnte Tiefe unserer Beziehungen zu Mitmenschen und Mitgeschöpfen erleben und darin eben das Göttliche in der geschöpflichen Welt entziffern können" (Lewkowicz und Lob-Hüdepohl 2003, S. 7). Christliche Spiritualität beleuchtet diese Suche darüber hinaus im Geist Jesu.

3.3 Spirituelle Praxis

Walach spricht bei der spirituellen Erfahrung von einer „direkte[n], unmittelbare[n] Erfahrung einer über das eigene Ich hinausgehenden, größeren Wirklichkeit" (Walach 2011, S. 25). Alle Handlungen, die sich nach einer das Ich übersteigenden Wirklichkeit richten, können unter den Begriff der spirituellen Praxis gefasst werden. Jede Tätigkeit kann spirituell sein, sei es die naheliegende Praxis der Meditation oder des Gebets, aber auch Konzerte, Wanderungen etc. Sogar das Staubwischen kann spirituellen Charakter haben (vgl. Ebertz 2004, S. 15). Gemeinsam ist diesen Handlungen, dass sie mit einer Achtsamkeit durchgeführt werden, die sich auf innere Empfindungen, wie beispielsweise Gefühle richtet, auf den Atem, wie bei Meditationstechniken oder auf Worte im Gebet oder bei der Mantra-Meditation. Das Vollziehen hat eine bewusstseinserweiternde Wirkung (vgl. Walach 2011, S. 41–42).

3.4 Spiritualität als Dimension von Gesundheit

Gesundheit und Gesundheitsförderung haben sich zu einem grundlegenden gesellschaftlichen Thema etabliert. Gesundheit bedeutet heute nicht mehr nur die Abwendung von Krankheit, sondern „das Herausfinden gesundheitsoptimierender Einstellungen und die Suche nach dem persönlichen Lebensglück" (Utsch 2013, S. 28). Gesundheit wird als Synonym für ein gutes Leben verwendet. „Das englische »whole« (=ganz sein) [Hervorhebung im Original] und »holy« (=heilig) [Hervorhebung im Original] bringen die Zusammenhänge zwischen Harmonie und Ganzheitlichkeit, zwischen körperlicher Heilung und Seelenheil eindrücklich zum Vorschein" (Utsch 2013, S. 28). Nachfolgend soll eine Annäherung an den Gesundheitsbegriff versucht werden.

3.4.1 Historischer Hintergrund

Dass Glaube eng mit Heilung verwoben ist, zeigt uns die Vergangenheit: Im Mittelalter sind Heiler*innen und Ärzt*innen Angehörige der Priesterklasse. Sie sind es, die die ersten Hospitäler gründen. Dabei setzen sie religiöse Rituale ein, die dazu dienen sollen, Körper und Seele zu heilen. Durch die Aufklärung und zunehmend wissenschaftliches Denken entzweien sich Theologie und Therapie/Medizin. Heilsein wird nun „nicht mehr als ein ganzheitliches Erleben aufgefasst, sondern auf das rein Materiell-Messbare reduziert" (Utsch 2013, S. 29). Die Idee, das Individuum als „Körper-Seele-Geist-Einheit" (Utsch 2013, S. 29) zu betrachten, steht im Widerspruch zur Naturwissenschaft, die den Mensch objektiv betrachtet. Die Psychotherapie bekommt eine Art Alleinzuständigkeit für psychische Genesung. Nachdem also Religiosität und Spiritualität weitestgehend in den Hintergrund der Heilkunde rückten, gewinnen sie gegenwärtig wieder an Bedeutung. Psycholog*innen und Psychiater*innen erkennen das therapeutische Potenzial, das Religiosität und Spiritualität in sich birgt. Dabei spielen die Begriffe Verzeihen, Vertrauen und Dankbarkeit eine wesentliche Rolle (vgl. Utsch 2013, S. 29). Weiter entdecken Gesundheitsforscher*innen, dass die großen Weltreligionen essentielle Tugenden enthalten, die für den Gesundheitsaspekt bedeutend sind. Dazu zählen: Gerechtigkeit, Liebe/Humanität, Mut, Mäßigung, Weisheit/Wissen, Spiritualität/Transzendenz (Utsch 2013, S. 30).

Der Schweizer Psychiater und Psychotherapeut Daniel Hell spricht gegenwärtig von einer Differenzierung zwischen Psychotherapie und Seelsorge, anstatt einer Spaltung dieser Fachgebiete (vgl. Hell 2013, S. 18–19). Das Seelische kann von zwei Seiten betrachtet werden, von der psychosozialen, biologischen Seite und aus der geistig-spirituellen Perspektive. Beide Seiten befassen sich mit notleidenden und sinnsuchenden Menschen und der Frage, wie sie unterstützt und begleitet werden können. Nach Hell können sie in ihrer Bedeutung des Heilwerdens unterschieden werden.

Während sich die Psychotherapie im Prozess der Heilwerdung auf Gesundheit, Selbstwerdung und Konfliktlösung bezieht, tut es die Seelsorge in und durch die Beziehung zu Gott. „Beides schließt sich nicht aus, doch geht das eine auch nicht im anderen auf. Aber beide – immanente und transzendente Hilfe – können sich komplementär ergänzen" (Hell 2013, S. 19).

Eine weitgefasste Definition von Spiritualität hat die Chance, auch Menschen miteinzubeziehen, die fern von jeder Religion sind. „Versteht man Spiritualität also ganz allgemein als Bemühen um ein sinnerfülltes Leben, dann liegen die Verbindungen zum Gesundheitsverhalten auf der Hand" (Utsch 2013, S. 31).

3.4.2 Annäherung an den Gesundheitsbegriff

Die Weltgesundheitsorganisation (WHO) beschreibt Gesundheit in ihrer Definition aus dem Jahr 1946 als einen „Zustand vollkommenen körperlichen, geistigen und sozialen Wohlbefindens und nicht allein das Fehlen von Krankheit und Gebrechen" (Weltgesundheitsorganisation 2014, S. 1). Dieser Zustand von Gesundheit kann nur annäherungsweise erreicht werden.

Auf der internationalen Konferenz der WHO im Jahr 1986 wurde die Ottawa-Charta verabschiedet. Dabei geht es nicht um eine Reform des Medizinsystems, sondern um eine umfassende Förderung von Gesundheit, die auch soziale und ökonomische Faktoren miteinbezieht. Der Blick soll nun im Sinne der Salutogenese „auf die gesundheitlichen Ressourcen, d.h. die Entstehungs- und Erhaltungsbedingungen von Gesundheit" (Jakob und Bartmann 2013, S. 51) gelegt werden. Die WHO übernimmt in dieser Charta ein weiteres Merkmal des salutogenetischen Konzepts nach Antonovsky: Gesundheit wird nicht mehr als Zustand definiert, sondern als lebenslanger Prozess.

Seit der WHO-Vollversammlung 1983 wird die Frage nach der spirituellen Dimension in der WHO-Gesundheitsdefinition gestellt. In der Bangkok Charta (2005) beschreibt die Weltgesundheitsorganisation spirituelles Wohlbefinden als wichtigen Bestandteil einer ganzheitlichen Gesundheit (vgl. Weltgesundheitsorganisation 2005, S. 1). Weiter noch: Manche Gesundheitswissenschaftler*innen fordern eine Gleichstellung von spiritueller Gesundheit – neben physischer, psychischer und sozialer Gesundheit – als vierten Faktor eines allgemeinen Wohlbefindens (vgl. Steinmann 2008). Bis heute wurde der Begriff der spirituellen Gesundheit jedoch nicht in der Gesundheitsdefinition der WHO aufgenommen (vgl. Jakob und Bartmann 2013, S. 55).

3.5 Spiritualität als Ressource

In der Kapitaltheorie von Bourdieu wird die Religion resp. Spiritualität nicht als eigene Kapitalsorte beschrieben, sie spielt eine untergeordnete Rolle. Sinnhaftigkeit und Daseinsberechtigung erfährt der Mensch nur innerweltlich. Auch im Konzept der Salutogenese wird der Dimension der Spiritualität keine explizite Rolle bei der Entstehung und Erhaltung von Gesundheit zugewiesen, wiewohl Verstehbarkeit, Handhabbarkeit und Sinnhaftigkeit auch für spirituelles Erleben wichtig sind.

Im Folgenden soll der Versuch unternommen werden, Spiritualität als Ressource zur Daseinsbewältigung darzustellen. Sie kann als Ressource dienen, indem sie „dem Individuum ein sinnhaftes Verständnis seines Schicksals ermöglicht, ihm eine Einzigartigkeit und Besonderheit inmitten der unendlichen Diversität und Zufälligkeit des Lebens sichert" (Mahler 2018, S. 66).

In seinem Buch *Spiritualität – die vierte Dimension von Gesundheit* stellt Marc Ralph Steinmann Thesen auf, die folgend in teilweise abgewandelter

Form genutzt werden, um zu begründen, warum Spiritualität als Ressource dienen kann (vgl. Steinmann 2008, S. 60–65).

These 1: Spiritualität als eine eigene (existentielle) Dimension des Menschseins

Spiritualität ist eine eigene Dimension des Menschseins, sie zieht sich durch alle Lebensbereiche und Lebensphasen. Sie ist gleichberechtigt zu beachten und zu fördern wie die physische, psychische und soziale Dimension der Gesundheit. Sie ist in ständiger Interaktion mit ihnen, gleichzeitig ist sie getrennt von den anderen Dimensionen zu betrachten (vgl. Steinmann 2008, S. 78). Existenziell bedeutet hier, die Person in ihrem Inneren betreffend, Handlungen von außen lösen meist auch innere Empfindungen aus. Wird ein Mensch in seiner Existenz erschüttert, meint existentiell „die Betroffenheit des Daseins als Mensch überhaupt, die Erfahrung, dass das Selbst ungesichert, in seinem Dasein begrenzt und vom Tod bedroht ist" (Weiher 2011, S. 28). Die spirituelle Dimension bedeutet hier, einen persönlichen Umgang mit den existentiellen Fragen zu finden. Angesichts der Tatsache, dass die Sinnsuche „zur Grundausstattung des Lebens" (Weiher 2011, S. 29) gehört, kann Sinngebung in der Spiritualität gefunden werden (vgl. Weiher 2011, S. 29).

These 2: Spiritualität zeigt sich in einem individuellen Entwicklungsprozess

Spiritualität ist kein Zustand, den es zu erreichen gilt, sondern ein Prozess. Dabei haben Faktoren wie die Biografie und Lebensumstände einen großen Einfluss auf Entstehung, Entwicklung und Gestaltung von Spiritualität. Dies ist als ganz individueller Weg zu begreifen. Der Entwicklungsprozess durchläuft alle Lebensphasen, drückt sich jedoch unterschiedlich aus. Während man sich ab der Adoleszenz mit existentiellen Sinn-Fragen des Lebens beschäftigt, leben Kinder Spiritualität in einer Dimension eines noch nicht „bewussten, gewählten Entwicklungsprozesses, sondern auf intuitiver Ebene" (Steinmann 2008, S. 62). Der Entwicklungsprozess bezieht auch alle Lebensbereiche mit ein: den persönlichen Bereich, aber auch das soziale Umfeld (Familie, Beruf, soziale Beziehungen) und die Natur.

Spiritualität als Bewusstseinsentwicklung soll „im Sinne einer Transformation des ichzentrierten Alltagsbewusstseins zu einem höheren, transpersonalen, spirituellen Bewusstsein oder Überbewusstsein" (Steinmann 2008, S. 51) führen. Im Verlauf des Bewusstseinsentwicklungsprozesses kann ein Grundvertrauen entstehen.

These 3: Hauptdimension der Spiritualität ist eine existentielle Sinn-Suche

Im Zentrum der Spiritualität steht die Sinn-Suche des Individuums, die vor allem in kritischen Lebensereignissen, in Phasen von Übergängen oder Wendepunkten deutlich wird. Grundsätzlich sucht der Mensch aber Zeit seines Lebens nach seiner Daseinsberechtigung auf der Welt, nach seinem Lebenssinn. Die Sinnfindung kann, muss aber nicht spirituell sein (vgl. Steinmann 2008, S. 61–62). In ihrer spirituellen Dimension spielt bei der Sinnfindung die Selbsttranszendenz eine wesentliche Rolle, mit der Annahme, dass hinter der sichtbaren Welt etwas liegt, das das individuelle Ich übersteigt. Die Sehnsucht, dass es eine über dem eigenen Ich stehende Wirklichkeit gibt, „eine höhere und tiefere Wirklichkeit" (Weiher 2011, S. 27), kommt bei jedem Menschen unterschiedlich zum Ausdruck und kann im Alltag oder in bedeutenden Momenten zum Vorschein kommen: „vom Gefühl der Erhabenheit z.B. in einem Konzert [...] oder beim Anblick eines neugeborenen Kindes" (Weiher 2011, S. 27).

These 4: Spiritualität ist Gesundheitsdeterminante (bestimmender Faktor für Gesundheit)

Im Sektor Public Health spielten bisher andere Einflüsse eine tragende Rolle für Gesundheit: das Gesundheitssystem des jeweiligen Landes, personale Faktoren wie Psyche, Genetik oder Bildungsstatus und soziale Faktoren wie Arbeit, wirtschaftliche Lage etc. Studien belegen, dass Spiritualität zur allgemeinen Lebensqualität positiv beitragen kann und dass es einen Zusammenhang zwischen Religiosität und den psychischen Variablen Lebensfreude, Lebenszufriedenheit und Wohlbefinden gibt (vgl. Steinmann 2008, S. 72). Spiritualität ist demnach ein grundlegender Faktor, sie ist Determinante für ein „zusammenhängend[es] und sinnvoll erfahren[des] Leben und für die Lebensbewältigung schlechthin einschliesslich der Heilung von Krankheiten" (Steinmann 2008, S. 71). Damit ist sie grundlegender Bedingungsfaktor für Gesundheit.

4 Krisenhafte Erfahrungen

Alltag bedeutet Routine und Gewohnheit. Im alltäglichen Leben verlaufen die meisten Handlungen geordnet und vorhersehbar, es wird bestimmt durch festgelegte Aufgaben wie Schule und Studium, Arbeit und Freizeitbeschäftigungen. Das Alltägliche gibt Menschen Sicherheit und Orientierung (vgl. Filipp und Aymanns 2018, S. 26). Kritische Lebensereignisse werfen uns aus der Bahn, der bis dato so geordnete Alltag existiert nicht mehr. Kritische Lebensereignisse bedrohen Existenzen, stellen Überzeugungen in Frage, durchkreuzen (Lebens-) Pläne. Im Folgenden wird auf die Unterscheidung von normativen und nicht-normativen Krisen eingegangen.

4.1 Kritische Lebensereignisse und Entwicklungsaufgaben

Die Literatur unterscheidet zwischen Entwicklungsaufgaben und kritischen Lebensereignissen. Erstere können Entwicklungskrisen mit sich ziehen, die altersnormiert auftreten, d.h. in einer spezifischen Lebensphase auftreten. Ein weiteres Merkmal dieser Entwicklungskrisen ist eine weitestgehende Allgemeingültigkeit, beispielsweise ist jede*r Jugendliche in der Adoleszenzphase mit einem Ablösungsprozess vom Elternhaus konfrontiert. Dagegen sind kritische Lebensereignisse nicht normativ, weil meist unberechenbar, scheinbar dem Zufall überlassen. Sie betreffen in der Regel nur einzelne Personen, ausgenommen sind Kriege und Naturkatastrophen, die ganze Kollektive anbelangen (vgl. Oerter und Montada 2008, S. 36). Diese als non-normativ bezeichneten Ereignisse zeigen besondere Merkmale auf: Da nur ein geringer Teil der Bevölkerung von einem solchen Ereignis betroffen ist, kommt schnell die Frage auf, „warum gerade ihnen dieses Schicksal widerfahren sei (*why me?*) [Hervorhebung im Original]" (Filipp und Aymanns 2018, S. 57). Ein weiteres Merkmal sind sogenannte *off time* Ereignisse: Das Ereignis an sich ist nicht unbedingt außergewöhnlich, nur die Zeit in der es auftritt. Diesem Merkmal liegt zugrunde, „dass unser Lebensverlauf durch biologische und soziale Uhren getaktet ist" (Filipp und Aymanns 2018, S. 56). Der Tod einer 90-jährigen Dame ist wahrscheinlicher und daher eher zu erwarten, als der Tod eines zehnjährigen Kindes, der normativ viel zu früh scheint.

Entwicklungsaufgaben und kritische Lebensereignisse können bei Menschen zu Krisen führen, die sich dadurch auszeichnen, „dass das Passungsgefüge zwischen ihnen und ihrer Umwelt nicht mehr gegeben ist" (Filipp und Aymanns 2018, S. 28), d.h. es stehen nicht ausreichend Strategien zur Verfügung, um das Problem zu bewältigen. Neben Arbeitslosigkeit, Scheidung der Eltern, Krankheiten oder Behinderungen ist der Tod einer nahestehenden Person ein kritisches Lebensereignis und wird rückblickend als einschneidendes Erlebnis im Lebenslauf bezeichnet, dessen

Folge durch tiefe Verunsicherung und belastende Emotionen geprägt ist (vgl. Oerter und Montada 2008, S. 39). Die Auseinandersetzung mit der Verlustthematik spielt in der Trauer als Bewältigungsprozess eine große Rolle, welche sich auf verschiedene Bereiche bezieht. Primär ist es der unabänderliche Verlust einer nahestehenden Person, der häufig weitere einschneidende Veränderungen nach sich zieht, z.B. der Verlust von sozialen Kontakten und finanzieller Sicherheit. Sekundär stellen sich Verlustgefühle ein, wie Ermangelung an Lebensfreude und Lebenssinn (vgl. Oerter und Montada 2008, S. 39).

Der Ausgang einer durch kritische Lebensereignisse ausgelösten Krise ist offen. Kann das kritische Lebensereignis auf lange Zeit nicht angenommen und die Krise nicht bewältigt werden, kann es zu physischen und psychischen Beeinträchtigungen kommen. Dies kann zu depressivem Rückzug und dysfunktionalen Bewältigungsstrategien führen, wie beispielsweise Suchtmittelmissbrauch (vgl. Filipp und Aymanns 2018, S. 29).

Positive Entwicklungen können entstehen, wenn das Schicksal in das Leben eingeordnet werden kann und belastende Gefühle angemessen reguliert werden können. Dem Schicksal kann dann auch ein tieferer Sinn zugeschrieben werden (vgl. Filipp und Aymanns 2018, S. 29). „[U]nd vielleicht mag Krise in diesem Falle persönliches Wachstum vorantreiben und einen Zuwachs an Kompetenz und Weisheit mit sich bringen.“ (Filipp und Aymanns 2018, S. 29). Durch Beratung und Begleitung wird Betroffenen geholfen, eigene Ressourcen wiederzufinden und Strategien der Verlustbewältigung zu entwickeln (vgl. Oerter und Montada 2008, S. 40).

4.2 Die *Warum?*-Frage

Menschen, denen ein kritisches Lebensereignis widerfahren ist, erleben oft Gefühle der Ohnmacht und Haltlosigkeit. Die Frage nach dem *Warum?* ist dabei eine ganz grundsätzliche, die nicht mit Versuchen konkreter Begründungen des vorliegenden Schicksals zu klären ist, zumal es diese Gründe oft nicht gibt. Auch scheint hier der Ansatz der Problemlösung nicht zu greifen, denn diese gibt es nicht. In der Frage nach dem *Warum?* wird der Mensch mit der Bedrohung des Lebens und seiner Endlichkeit konfrontiert (vgl. Weiher 2011, S. 252).

In der Praxis sozialer Berufe, so auch in der Begleitung trauernder Menschen, ist die *Warum?*- Frage eine unausweichliche. Der Physiker und Theologe Erhard Weiher unterscheidet Herangehensweise auf vier Ebenen (vgl. Weiher 2011, S. 253–258):

Die Sachebene

Das Unerklärliche doch begreifbar zu machen, ist ein Versuch von Betroffenen, das Schicksal rational einordnen zu können. Die Frage nach dem *Warum?* auf der Sachebene ist durchaus berechtigt, vielleicht wurden Zusammenhänge übersehen oder noch nicht beachtet. Eine Person, die instrumentell trauert, das heißt, die Trauer nicht mit Gefühlen, sondern mit Denken zu bewältigen versucht, will die Ursache des Schicksals, z.B. den Tod einer nahestehenden Person herausfinden. Selbst wenn sie weiß, dass das Schicksal unumgänglich ist: „Wenn es konkrete Gründe gäbe, wäre wenigstens gedanklich die Ordnung der Welt gerettet […]" (Weiher 2011, S. 254). Hieran anknüpfend wird der Aspekt der Verstehbarkeit von Antonovskys Modell der Salutogenese konkret (siehe Kapitel 3).

Die Gefühlsebene

Trauernde Menschen, die auf der Ebene von Gefühlen das Schicksal zu bewältigen versuchen, stellen die *Warum?*-Frage „ als Klage und Ausdruck des Protests gegen das Schicksal […]" (Weiher 2011, S. 255). Aufgabe in der Begleitung ist dann zunächst, den Betroffenen als Stütze und Haltgeber*in beizustehen.

Die Identitätsebene

Auf dieser Ebene schwingt die Sinn-Frage mit. Weiher schlägt vor, die *Warum?*-Frage durch eine *Wozu?*-Frage zu ersetzen. In der Begleitung birgt sich hierbei die Gefahr, die Umwandlung der ursprünglichen Frage zu früh zu beginnen. Die Phase des Nicht-Verstehen-Könnens und -Wollens darf nicht übergangen werden. Das *Wozu?* impliziert einen Sinngehalt des Schicksals, der an zu früher Stelle im Trauerprozess auf die Betroffenen eher verstörend wirkt. Erst zu einem späteren Zeitpunkt kann die *Wozu?*-Frage hilfreich sein. Dabei impliziert die Sinnsuche meist auch eine tiefgreifende Auseinandersetzung mit der Identität. Die Begleitung hat an dieser Stelle die Aufgabe, „dem Patienten durch moderierte Reaktionen und Fragen für sich >Antworten< [Hervorhebung im Original] und Sinnmomente zu erproben und so eine >Selbstordnung< [Hervorhebung im Original] zu ermöglichen" (Weiher 2011, S. 256).

Die spirituelle Ebene

Bei der *Warum*?-Frage ist es unumgänglich, diese auch auf dem Hintergrund der Spiritualität zu stellen: „Wenn Spiritualität die Erfahrung ist, dass sich der Mensch mit dem Geheimnis des Lebens in Verbindung weiß, dann ist das >Warum?< [Hervorhebung im Original] zutiefst spirituell" (Weiher 2011, S. 253). Nicht nur religiöse oder spirituelle Menschen beziehen ihr Schicksal auf eine höhere Macht. Sobald ein Mensch Ereignisse nicht eizuordnen vermag, fragt er mittelbar oder unmittelbar nach dem *Warum?*. Er stellt sich die Frage nach der Verlässlichkeit des Lebens (vgl. Weiher 2011, S. 257).

5 Fragestellung und Ziel der Forschung

In der Auseinandersetzung mit der Kapitaltheorie von Pierre Bourdieu, der ökonomische, kulturelle, soziale und symbolische Ressourcen beschreibt, die es zur Durchsetzung eigener Ziele und Bedürfnisse braucht, stellt sich mir die Frage, ob und inwiefern Spiritualität als Kapital resp. Ressource zu sehen ist. Daraus folgend: Ob und wie könnte die Profession der Sozialen Arbeit, die durchaus als ressourcenorientiert gilt, durch diese Dimension erweitert werden?

Die Forschung im Rahmen meiner Bachelorarbeit knüpfe ich an einen bestimmten Bereich der Sozialen Arbeit, den der Trauerbegleitung. Um Menschen zu begleiten, die sich in einer solchen kritischen Lebenssituation befinden, brauchen Professionelle geeignete Ressourcen, um ihre Arbeit angemessen ausführen zu können. Mit dem Hintergrund der verschiedenen Kapitalformen nach Bourdieu, stellt sich mir folgende Forschungsfrage:

Inwiefern kann Spiritualität als eine Ressource in der Arbeit mit trauernden Menschen genutzt werden?

Meine ursprüngliche Überlegung, Menschen zu befragen, die einen nahestehenden Menschen durch Tod verloren haben und sie nach ihren Ressourcen im Trauerprozess zu befragen, schien mir zu riskant. Eine Gefahr hätte darin bestanden, dass in solchen Interviews die berechtigte Trauer eine übergeordnete Rolle gespielt und Gefühle offengelegt hätte, die für die Form des Interviews herausfordernd gewesen wäre. Deshalb entschied ich mich, Menschen zu befragen, die im beruflichen Kontext trauernde Personen begleiten. Sie nach ihren Kraftquellen und der Bedeutung von Spiritualität als einer ihnen möglichen Ressource zu befragen, war für mich ein interessanter Aspekt, den ich beleuchten wollte. Zumal der Bereich Trauer als Aufgabe von Beratung resp. Begleitung sich als unumgänglicher und wesentlicher Teil der Sozialen Arbeit anbietet.

Ziel meiner Forschung soll es sein, herauszufinden, welche Formen von Ressourcen die befragten Menschen haben und wie sie diese für sich nutzen. Darüber hinaus soll der Fokus auf die Spiritualität gelegt werden. Ich möchte wissen, was die Interviewpersonen mit dem Begriff verbinden, ob er ihnen eine dienliche Kraftquelle für diese Art der Begleitung sein kann und wenn ja, wie sie Spiritualität für sich leben. Nicht zuletzt möchte ich erfahren, ob physische, psychische und soziale Ressourcen in der Sozialen Arbeit um die Dimension der Spiritualität erweitert werden können.

6 Methodisches Vorgehen

Im Folgenden wird das methodische Vorgehen der Forschung erläutert. Als Erhebungsmethode wird das problemzentrierte Interview nach Andreas Witzel verwendet, die Forschung wird mit der Qualitativen Inhaltsanalyse nach Philipp Mayring ausgewertet.

6.1 Beschreibung der Erhebungsmethode

Das problemzentrierte Interview nach Witzel behandelt – wie der Name schon sagt – soziale Problemstellungen, die mit der Interviewperson erörtert werden sollen. Dabei wird induktives und deduktives Vorgehen kombiniert. Unter deduktivem Forschen versteht man das Bestätigen oder Widerlegen einer bestehenden Theorie durch Datenerhebung. Durch das Ableiten von Resultaten aus einer Regel wird auf den Einzelfall, also vom Allgemeinen auf das Konkrete geschlossen. Die induktive Forschung dagegen stellt durch Beobachtungen und Datenerhebungen Hypothesen auf, die beobachteten Resultate werden zu einer Regel (vgl. Kruse 2015, S. 135–136). Das problemzentrierte Interview verbindet beide Ansätze, es sieht den Erhebungsprozess als „induktiv-deduktives Wechselverhältnis" (Witzel 2000). Das Vorwissen der*des Forschenden gilt es offenzulegen, es kann in der Vorbereitung genutzt werden (vgl. Witzel 2000). Gleichzeitig wird im personenzentrierten Interview das Offenheitsprinzip angewendet. Demnach werden von der*dem Forschenden keine Hypothesen im Voraus gebildet. Es soll verhindert werden, dass die Erkenntnisse des Gesprächs in schon vorher aufgestellte Kategorien eingeordnet werden. Vielmehr soll durch das Prinzip der Offenheit gewährleistet werden, dass die Problemsicht der interviewten Person im Mittelpunkt des Gesprächs steht und diese nicht von der Problemsicht der*des Forschenden übergangen wird (vgl. Witzel 1985, S. 228).

Es lassen sich drei Grundpositionen des personenzentrierten Interviews feststellen, die folgend erklärt werden:

Problemzentrierung: Ausgangspunkt des Interviews ist eine Problemstellung, die von der Gesellschaft wahrgenommen wird. Die*der Forschende hat darüber Hintergrundwissen im Sinne geeigneter Theorien, erhobener Studien oder Erfahrungen. Das Wissen um objektive Rahmenbedingungen der zu untersuchenden Problematik dient der*dem Forschenden, Aussagen der interviewten Person nachvollziehen zu können und zielführende Fragen zu stellen. Demnach sind Forschende nicht als Tabula rasa zu sehen, denn Explikationen der interviewten Personen können nicht vorbehaltslos aufgenommen werden. Vielmehr werden Forschende immer von ihrem theoretischen Wissen beeinflusst. Es ist deshalb notwendig, sich in den Interviews dieser Voraussetzungen bewusst zu sein, um so einen breiteren Forschungsgegenstand zu erfassen (vgl. Witzel 1985, S. 230–232).

Gegenstandsorientierung: Dies bedeutet, dass methodisch flexibel und dem untersuchten Objekt angepasst gearbeitet wird. Je nach Forschungsgegenstand kann ein unterschiedlich methodisches Vorgehen geeignet und die Gewichtung der einzelnen methodischen Aspekte unterschiedlich sein. Je nach Situation kann es beispielsweise sinnvoll sein, biografisch zu arbeiten, Gruppendiskussionen zu nutzen oder auch zur Erfassung gewisser

Regelhaftigkeiten quantitative Daten zu erheben (vgl. Witzel 1985, S. 232–233).

Prozessorientierung: Die Prozessorientierung spielt während des gesamten Forschungsverlaufs eine Rolle. Das Forschungsvorgehen lehnt sich an der grounded theory an, die versucht, einen gut strukturierten Prozess von Datensammlung und Datenauswertung hervorzubringen. Dabei verläuft das Datensammeln und -sortieren induktiv, im weiteren Verlauf wird, um beispielsweise Kernkategorien zu bilden, selektiver vorgegangen (vgl. Witzel 1985, S. 232). Eine wichtige Methode der Prozessorientierung ist das Interview. Es soll dabei erreicht werden, dass eine Basis des Vertrauens entsteht, sodass die befragte Person offen über Erinnerungen sprechen kann und ermutigt wird, sich selbst zu reflektieren und Widersprüche zu erwähnen. Auch Redundanzen sind in einem solchen Vertrauensverhältnis üblich, sie können für spätere Interpretationen erleichternd sein. Für eine gute Gesprächsentwicklung ist es förderlich, Fragen zu stellen, die Erzählungen der Interviewperson anregen. Durch diese kann das Interview eine authentische, ungekünstelte Form annehmen (vgl. Witzel 2000).

6.1.1 Beschreibung der Erhebungsinstrumente

Die Durchführung des problemzentrierten Interviews wird durch vier Erhebungsinstrumente unterstützt: Kurzfragebogen, Leitfaden, Tonaufnahme und ein anschließendes Postskript.

Der Kurzfragebogen wird vor dem Gespräch von der interviewten Person ausgefüllt. Dort werden personenbezogene Daten ermittelt, wie z.B. Alter, Geschlecht, Beruf und Religionszugehörigkeit. Im vorliegenden Kurzfragebogen werden außerdem die Fragen nach dem Berufsabschluss gestellt und wie lange die interviewte Person schon mit trauernden Menschen arbeitet. Darüber hinaus soll sie angeben, in welcher Einrichtung sie beruflich tätig ist. Der Kurzfragebogen dient als Entlastung für das anschließende Interview, da diese Informationen nicht mehr erfragt werden müssen. Außerdem enthält er Informationen, die gut für einen Gesprächseinstieg dienen können (vgl. Witzel 2000). Der Kurzfragebogen für diese Forschung wurde nach dem Interview ausgefüllt mit dem Vorteil, dass die*der Interviewpartner*in nicht in ein Muster der kurzen Antworten fällt, sondern unvoreingenommen in das Interview geht.

Im Leitfaden sind die Forschungsthemen verankert, die im Gespräch behandelt werden sollen. Er dient als Orientierungshilfe während des Interviews und stellt eine inhaltliche Vergleichbarkeit zwischen den einzelnen Interviews her. Der Leitfaden beinhaltet vorformulierte Fragen für jedes Themengebiet sowie Aufrechterhaltungs- und Steuerungsfragen, die den Gesprächsfluss sicherstellen (vgl. Witzel 2000).

Mit Hilfe eines Diktiergeräts wird eine authentische und exakte Aufnahme des Gesprächs ermöglicht (vgl. Witzel 2000). Als Aufnahmegerät kann entweder ein Smartphone oder ein Diktiergerät benutzt werden. Wichtig ist, der interviewten Person transparent zu machen, ab wann eine Aufnahme aufgezeichnet und wann sie beendet wird. Die Aufnahme ist Grundlage für die nachfolgende Transkription, die bei dieser Forschung mit dem Programm *easytranscript* durchgeführt wurde.

Unmittelbar nach dem Interview wird das Postskript geschrieben. Dort werden alle Auffälligkeiten festgehalten, die von Bedeutung, aber nicht auf der Tonaufnahme aufgezeichnet sind. Hier sollen auch nonverbale Aspekte erwähnt werden (vgl. Witzel 2000).

6.1.2 INTERVIEWFÜHRUNG

Die Interviewführung gestaltet sich einerseits aus erzählungsgenerierenden Kommunikationsstrategien, wie beispielsweise die vorformulierte Einleitungsfrage oder Ad-hoc-Fragen, andererseits aus verständnisgenerierenden Kommunikationsstrategien, die spezifische Sondierungen vornehmen (vgl. Witzel 2000). Der Einleitungsimpuls meines Leitfadens: „Sie arbeiten ja als [Berufsbezeichnung] in der Begleitung trauernder Menschen. Erzählen Sie doch mal, wie es dazu kam" ist sehr offen und ermöglicht der Interviewperson mit eigenen Worten den beruflichen Werdegang und die Fokussierung auf die Trauerarbeit zu umschreiben. Zudem kann die Interviewperson selber entscheiden, was sie berichten möchte und womit sie sich lieber (noch) bedeckt hält. In allen Interviews wirkte diese Eröffnung als gute Methode, eine steife, künstliche Gesprächssituation zu vermeiden. Zudem wurden damit schon einige Themengebiete angeschnitten – wie die Ouvertüre einer Oper – die im Laufe des Interviews noch detaillierter zu Sprache kamen. Eine weitere erzählungsgenerierende Frage ist: „Ich wäre Ihnen jetzt sehr dankbar, wenn Sie mir ein konkretes Begleitungsbeispiel aus Ihrer Praxis nennen könnten, das Ihnen besonders in Erinnerung geblieben ist." Ein solches Erfahrungsbeispiel weckt die Erinnerungsfähigkeit, abstrakte Begriffe können mit konkretem Tun verknüpft werden (vgl. Witzel 2000). Anschließend erfolgen allgemeine Sondierungen, die zuerst die Ressourcen bzw. Kraftquellen der Interviewpersonen ansprechen sollen. Durch Ad-hoc-Fragen ist es der*dem Interviewer*in möglich, Nachfragen zu stellen, um eine gewisse Vergleichbarkeit der Interviews sicherzustellen (vgl. Witzel 2000). Hierbei erwies sich der für die Forschung angefertigte Leitfaden als gut dienlich.

Weiter werden verständnisgenerierende Fragen gestellt, die der Interviewperson Selbstreflexion und Korrigieren ihrer eigenen Aussagen ermöglichen, zum Beispiel durch Zurückspiegelung. Eine solche verständnisgenerierende Frage war: „Ich habe nun schon andere Interviews geführt, in denen mir die Gesprächspartner*innen von ihrer Spiritualität berichteten. Sie erzählten, aus ihrer Spiritualität Kraft für die Arbeit mit trauernden Menschen ziehen zu können. Wie ist das bei Ihnen? Spielt das bei Ihnen auch eine Rolle?". Weicht die Interviewperson der Frage aus oder wirkt ihre Aussage widersprüchlich, können klare Verständnisfragen dazu dienen, Antworten zu konkretisieren.

Die Einschätzung, wann erzählungsgenerierende oder verständnisgenerierende Fragen gestellt werden, ist eine anspruchsvolle Aufgabe der Interviewführung. Zusammenfassend lässt sich sagen, dass erzählungsgenerierende Fragen Narrationen fördern und sich daraus neue Strukturen bilden. Verständnisgenerierende Fragen können dies ebenfalls, haben aber auch die Möglichkeit, alte Strukturen von der Interviewperson korrigieren zu lassen. Eine gute Abstimmung beider Strategien ist wichtig, um eigenes Vorwissen für Fragestellungen zu nutzen und gleichzeitig Aussagen der befragten Person offen aufzunehmen (vgl. Witzel 2000).

6.1.3 Fazit

Das problemzentrierte Interview nach Witzel bietet meiner Meinung eine gute Mischung aus strukturierter Interviewführung in Form eines vorgefertigten Leitfadens und der Offenheit, sich zwar mit Vorwissen in eine Gesprächssituation zu begeben, aber die Interviewperson mit ihrer Sichtweise in den Mittelpunkt zu stellen. Diese Kombination aus induktivem und deduktivem Vorgehen ermöglicht eine sinnvolle Vergleichbarkeit der Interviews ohne vorgefertigte Kategorien. Die Balance zwischen Nutzung des Vorwissens und Offenheit zu halten, sehe ich als anspruchsvolle Aufgabe der*des Forschenden.

6.2 Experteninterviews

Expert*innen-Interviews weisen einige besondere Merkmale auf, die sich von anderen Interviews unterscheiden. Dies hängt unumgänglich mit dem Status der Befragten zusammen, die als Expert*innen für einen bestimmten Wissensbereich stehen. Expert*innen sind sie, da sie über „Sonderwissen verfüg[en], das andere nicht teilen, bzw. [...] dadurch, dass einem solch ein Sonderwissen von anderen zugeschrieben wird und man es selbst für sich in Anspruch nimmt" (Przyborski und Wohlrab-Sahr 2008, S. 131). Expert*in ist man demnach nicht per se, sondern in Bezug zu einem konkreten Wissensgebiet. Diese Kompetenz hat häufig mit beruflichem Fachwissen zu tun, kann aber auch mit speziellen außerberuflichen Tätigkeiten verbunden sein. Zudem bekommen Expert*innen durch ihr spezielles Wissen – auch Rollenwissen genannt – Deutungsmacht zugesprochen und nehmen diese in Anspruch. Damit unterscheidet sich der Begriff zu jenem in der qualitativen Inhaltsanalyse bekannten, der Menschen aufgrund ihrer Lebenserfahrung schon zu Expert*innen ihres eigenen Lebens macht (vgl. Przyborski und Wohlrab-Sahr 2008, S. 131–132).

Es gibt drei unterschiedliche Arten von Expert*innen-Wissen, die folgend kurz umrissen werden (vgl. Przyborski und Wohlrab-Sahr 2008, S. 132–134):

1. Sogenanntes *„‚Betriebswissen‘* [Hervorhebung im Original]" (Przyborski und Wohlrab-Sahr 2008, S. 132) über Zusammenhänge, Regeln und Abläufe innerhalb einer Organisation.
2. Die Inanspruchnahme von Deutungsmacht, in der die Expert*innen die Sachkundigen-Rolle einnehmen. Diese Macht ist nicht zu unterschätzen, da „Experten [...] in hohem Maße das Bild [bestimmen], das wir von bestimmten Sachverhalten haben, unsere Einschätzung von Risiken und Sicherheiten, Entwicklungen und Trends, Relevanzen und Irrelevanzen" (Przyborski und Wohlrab-Sahr 2008, S. 133).

3. Expert*innen-Wissen als sogenanntes „*Kontextwissen*' [Hervorhebung im Original]" (Przyborski und Wohlrab-Sahr 2008): Expert*innen liefern Zusatzwissen über einen anderen im Mittelpunkt stehenden Forschungsgegenstand.

Bei der Durchführung eines Expert*innen-Interviews gibt es verschiedene Dinge zu beachten. Zunächst sollte der*dem Expert*in auf Augenhöhe begegnet werden, schließlich sitzen sich im Interview zwei fachlich kompetente Personen gegenüber. Zum einen hat man sich als Interviewer*in Fachwissen angeeignet, kennt sich ebenfalls mit der spezifischen Thematik aus, zum anderen gibt es aber weiteren Wissensbedarf nach Expert*innen-Wissen in Form von Betriebs- und Deutungswissen. Diesen Bedarf an Informationen sollte die*der Interviewer*in deutlich machen (vgl. Przyborski und Wohlrab-Sahr 2008, S. 135).

Expert*innen-Interviews werden ebenfalls mit offenen Fragen eingeleitet. Dabei kann es schnell passieren, dass die*der Expert*in Unternehmensphilosophien beschreibt, anstatt über spezifisches Erfahrungswissen zu sprechen. Durch immanentes Nachfragen kann die*der Interviewer*in detailliertere Sachverhalte erfahren. So kann man nach einem Beispiel fragen, das einen typischen oder untypischen Fall oder Verlauf schildert und inwiefern sich darin die Besonderheit herauskristallisiert (vgl. Przyborski und Wohlrab-Sahr 2008, S. 136). Durch exmanentes Nachfragen kann die Interviewperson aufgefordert werden, zu bestimmten Themen Stellung zu beziehen, die relevant sind. Hier ist das Ziel, in kein banales Frage-Antwort-Schema hineinzurutschen, sondern Erfahrungswissen zu generieren (vgl. Przyborski und Wohlrab-Sahr 2008, S. 137).

6.3 Beschreibung und Begründung des Feldzugangs

Den Kontakt zu Personen, die im beruflichen Kontext mit trauernden Menschen arbeiten, konnte ich teils privat, teils über die Homepage des Bestattungsunternehmens *Horizonte* (www.horizonte-bestattungen.de) in Süddeutschland herstellen. Zwei der interviewten Personen kannte ich aus meinem privaten Umfeld und wusste, dass sie mit trauernden Menschen arbeiten. Ihre Bereitschaft zur Teilnahme an meiner Forschung sicherten sie mir schnell zu. Bei der Wahl der weiteren vier Interviewpartner*innen wurden jene bevorzugt, bei denen online Informationen über die Arbeitsstelle oder den beruflichen Kontext der Person beschrieben wurden. Außerdem versuchte ich, in der frauendominierten Liste auch Männer zu finden. Der Kontakt entstand bei allen über E-Mails. Ich verfasste hierzu ein Dokument, in dem ich mich vorstellte und vom Ziel meiner Bachelor-Arbeit berichtete, Ressourcen in der Arbeit mit trauernden Menschen zu erforschen. Außerdem hinterließ ich meine E-Mail Adresse und meine Telefonnummer, sodass die angeschriebenen Personen sich auf unterschiedlichem Weg bei mir rückmelden konnten. Insgesamt fragte ich sieben Menschen für meine Forschung an. Alle ausgewählten Personen meldeten sich schnell zurück, wirkten interessiert und sicherten mir ihre Teilnahme an einem Interview zu. Einer Frau sagte ich ab, da sie schon seit einigen Jahren nicht mehr in diesem Bereich tätig ist.

Mit den Interessierten vereinbarte ich Termine, die teilweise in den Räumen der Hochschule stattfanden, teilweise auch in den Privat- oder Büroräumen der Interviewten.

6.4 Beschreibung des Samples

Bei den ausgewählten Interviewpartner*innen handelt es sich um Personen, die im beruflichen Kontext trauernde Menschen begleiten und unterstützen. Die Teilnehmenden sind im Alter zwischen 57-75 Jahren und gehören alle der römisch-katholischen Kirche an, obwohl eine Interviewpartnerin sich als nicht religiös bezeichnet und ein weiterer Teilnehmer Skepsis beim Thema Spiritualität zeigt. Es wurden zwei männliche und vier weibliche Personen befragt, die alle mit unterschiedlichen Berufsabschlüssen ihren professionellen Schwerpunkt auf den Bereich der Trauerarbeit gelegt haben. Vier der Teilnehmenden sind von Beruf aus Theolog*innen, davon zwei Personen, die die Ausbildung als Pastoralreferent*in abgeschlossen haben. Eine Teilnehmerin hat einen Abschluss als Diplom-Pädagogin, die andere als Diplom-Sozialpädagogin.

Alle interviewten Personen gaben an, sich Kompetenzen bei Fort- oder Weiterbildungen im Bereich Systemische Therapie, Gestalttherapie oder Transaktionsanalyse erworben zu haben.

Die befragten Personen haben sich im Laufe ihres Berufslebens auf den Bereich der Trauerarbeit spezialisiert und sind nun schon seit einigen Jahren in der Begleitung trauernder Menschen tätig, so beträgt die kürzeste Dauer zwölf, die längste 30 Jahre. Als momentane Arbeitsstelle gab eine Befragte an, in einem Krankenhaus tätig zu sein, drei Personen arbeiten als Selbstständige und eine Person ist in einem ambulanten Hospiz angestellt. Ein Interviewpartner ist mittlerweile in Rente, arbeitete aber viele Jahre in einem Krankenhaus.

Die unterschiedlichen beruflichen Werdegänge, die die interviewten Personen haben, ermöglichen eine Bandbreite an unterschiedlichen Herangehensweisen und eine Vielzahl an Erfahrungen und Sichtweisen in der Trauerarbeit. Es muss jedoch berücksichtigt werden, dass es sich bei dieser Forschung lediglich um sechs Interviews handelt und Ergebnisse keinesfalls repräsentativ für die Arbeit mit trauernden Menschen gelten können. Bei der Auswahl der Interviewpartner*innen wurde Augenmerk auf den Berufsabschluss und mögliche Weiterbildungen gelegt und wie gut sie zu kontaktieren waren. Da viel mehr Personen auf der Liste des Beerdigungsinstituts zur Auswahl standen, wurde hierbei eine Selektion durchgeführt, die weniger auf objektiven Ausschlusskriterien, sondern mehr auf Intuition beruht.

Die schnelle Rückmeldung zur Teilnahmebereitschaft könnte darauf zurückzuführen sein, dass allen Interviewpartner*innen die Themen Sterben, Tod und Trauer eine Herzensangelegenheit sind und sie es wichtig finden, dass es mehr Aufmerksamkeit dafür in unserer Gesellschaft gibt. Dies ist jedoch nur eine Vermutung und wurde nur in zwei Interviews angesprochen.

Die Gesprächsdauer der Interviews umfasste zwischen 24 und 47 Minuten. Sie wurden teilweise in den Privatwohnungen oder an den Arbeitsplätzen der jeweiligen Interviewpartner*innen geführt. Für zwei Interviews traf ich mich mit den Gesprächspartner*innen in den Räumlichkeiten der Katholischen Hochschule.

6.5 Beschreibung der Auswertungsmethode

Für die Auswertung meiner Interviews orientiere ich mich an der Qualitativen Inhaltsanalyse nach Mayring (vgl. Mayring 2000, 2015). Nachfolgend werden die wesentlichen Merkmale der Methode, die Bestimmung des Ausgangsmaterials und Fragestellung der Analyse beschrieben. Die zentralen Merkmale der qualitativen Inhaltsanalyse sind:

Einordnung in ein Kommunikationsmodell: Das zu untersuchende Material ist in seinem Kommunikationszusammenhang zu verstehen und soll innerhalb dieses Kontextes auch interpretiert werden (vgl. Mayring 2015, S. 50). Dabei geht es um das Ziel der Analyse, Erfahrungen und Emotionen des Textverfassers, Entstehungskontext des Materials und um den soziokulturellen Hintergrund, in den die Forschung eingebettet ist (vgl. Mayring 2000).

Regelgeleitetheit: Das Material wird nach festgelegten Regeln analysiert. Dabei werden einzelne Schritte für die Analyse definiert und festgelegt, später dann nach und nach bearbeitet. Dies hat den Vorteil, dass „jeder Analyseschritt, jede Entscheidung im Auswertungsprozess, auf eine begründete und getestete Regel zurückgeführt werden kann" (Mayring 2015, S. 51). Dabei ist zu beachten, dass die Inhaltsanalyse keinesfalls als Standardinstrument angesehen werden kann, sondern immer auf das bestimmte Material abgestimmt werden muss.

Kategorien im Zentrum: Um die Analyse für andere nachvollziehbar und Ergebnisse vergleichbar zu machen, spielen Kategorien bei der Inhaltsanalyse eine zentrale Rolle. Die einzelnen Analyseaspekte werden kategorisiert und immer wieder überarbeitet (vgl. Mayring 2000).

Gütekriterien: Ergebnisse werden nach Gütekriterien, wie Objektivität, Reliabilität und Validität eingeschätzt, um Ergebnisse nachvollziehbar und vergleichbar zu machen. Eine besondere Zuschreibung bekommt die „*Intercoderreliabilität* [Hervorhebung im Original]" (Mayring 2015, S. 51), bei der Analytiker*innen unabhängig voneinander das Material auswerten, das anschließend verglichen wird (vgl. Mayring 2015, S. 53).

Am Anfang der Auswertung bedarf es zunächst einer Analyse des vorliegenden Materials. Dies liegt bei der Inhaltsanalyse bereits fertig vor, zum Beispiel in Form einer Audiodatei. Mayring unterscheidet hier drei Analyseschritte (vgl. Mayring 2015, S. 54–55):

Festlegung des Materials: Es muss zunächst definiert werden, welches Material vorliegt. Oft muss aus einer großen Menge ausgewählt werden. Wichtig dabei ist zu beachten, die Auswahl nach bestimmter Vorgehensweise zu treffen und die Grundgesamtheit des Materials beizubehalten.

Analyse der Entstehungssituation: Die Bedingungen des vorliegenden Materials müssen beschrieben werden. „Dabei interessiert vor allem:

- der Verfasser bzw. die an der Entstehung des Materials beteiligten Interagenten.
- der emotionale, kognitive und Handlungshintergrund des/der Verfasser/innen.
- die Zielgruppe, in deren Richtung das Material verfasst wurde.
- die konkrete Entstehungssituation.
- der soziokulturelle Hintergrund" (Mayring 2015, S. 55).

Formale Charakteristika des Materials: In diesem Schritt soll die Form des Materials beschrieben werden, die meist als Text vorliegt. Dieser muss nicht zwingend von der*dem Autor*in geschrieben sein. Grundlage des Textes ist oftmals eine Audiodatei, die transkribiert wurde. Um Vergleichbarkeit zu gewähren, werden zuvor Transkriptionsregeln vereinbart.

Wenn das Ausgangsmaterial beschrieben wurde, stellt sich die Frage, was interpretiert werden soll. Dafür muss die Richtung der Analyse bestimmt werden und eine spezifische Fragestellung formuliert werden (vgl. Mayring 2015, S. 58).

Richtung der Analyse: Das vorliegende Material kann in verschiedene Richtungen ausgewertet werden. Es ist beispielsweise möglich, den im Text beschriebenen Gegenstand auszuwerten oder etwas über die*den Verfasser*in selbst herauszufinden (vgl. Mayring 2015, S. 58).

Theoriegeleitete Differenzierung der Fragestellung: Neben der Regelgeleitetheit zeichnet die Inhaltsanalyse auch die Theoriegeleitetheit aus. Dies bedeutet, dass die Analyse einer genauen Fragestellung folgt, die vorab formuliert werden muss. Zudem muss sie über den Gegenstand an die Forschung gebunden sein (vgl. Mayring 2015, S. 59–60).

Nun geht es darum, ein Ablaufmodell der Analyse aufzustellen, das in einzelne Schritte unterteilt wird. Dies ist eine Stärke der qualitativen Inhaltsanalyse, da sie dadurch für andere nachvollziehbar ist und überprüft werden kann. Das Ablaufmodell ist auch übertragbar auf andere Auswertungen, muss aber an Material und Fragestellung des betreffenden Falls angepasst werden. Zunächst werden Analyseeinheiten bestimmt:

- „Die *Kodiereinheit* [Hervorhebung im Original] legt fest, welches der kleinste Materialbestandteil ist, der ausgewertet werden darf, was der minimale Textteil ist, der unter eine Kategorie fallen kann.
- Die *Kontexteinheit* [Hervorhebung im Original] legt den größten Textbestandteil fest, der unter eine Kategorie fallen kann.
- Die *Auswertungseinheit* [Hervorhebung im Original] legt fest, welche Textteile jeweils nacheinander ausgewertet werden." (Mayring 2015, S. 61)

Mayring unterscheidet *„drei Grundformen des Interpretierens* [Hervorhebung im Original]" (Mayring 2015, S. 67): Zusammenfassung, Strukturierung und Explikation. Diese stehen als voneinander unabhängige Analysetechniken, die je nach Forschungsfrage oder Material zur Anwendung dienen. Für die vorliegende Forschung im Rahmen der Bachelorarbeit wird die Zusammenfassung als geeignete Analysetechnik verwendet, weil sie die inhaltliche Ebene des Materials betrachtet. Ziel dieser Analyse „ist es, das Material so zu reduzieren, dass die wesentlichen Inhalte erhalten bleiben, durch Abstraktion einen überschaubaren Corpus zu schaffen, der immer noch Abbild des Grundmaterials ist" (Mayring 2015, S. 67). Grundsatz ist hier, dass Reduktionen vorgenommen werden, wie beispielsweise Auslassen, Selektion oder Generalisation. Die Zusammenfassung wird schrittweise abstrakter, die Abstraktionsebene muss dabei genau festgelegt werden (vgl. Mayring 2015, S. 69).

Für eine erste Strukturierung des Textes dienen Codes, die in einem Codebuch definiert sind. Das vorliegende Material wird nun durchgearbeitet und die Textaussagen den Codes zugeordnet. Dabei ist es wichtig, dass diese nicht zu detailliert ausfallen (vgl. Mayring 2015, S. 61).

Der nächste Schritt ist die Paraphrasierung, die zur ersten Bereinigung des Textes dient. Einzelne Textpassagen werden zu knappen, inhaltskräftigen Aussagen umgeschrieben, sodass schlussendlich eine grammatikalische Kurzform entsteht. Bedeutungsloses oder Wiederholungen werden weggelassen (vgl. Mayring 2015, S. 71).

Zum Schritt der ersten Reduktion gehört die Generalisierung, die der Verallgemeinerung des Inhalts dient. Alle Paraphrasen sollen auf einem Abstraktionsniveau liegen. Darüber hinaus werden nochmals inhaltsgleiche oder unwichtige Paraphrasen gestrichen (vgl. Mayring 2015, S. 71).

In der zweiten Reduktion werden Paraphrasen, die im Text verstreut sind, aber einen ähnlichen Gegenstand haben oder sich aufeinander beziehen, zusammengefasst und als neue Aussage formuliert. Ob diese Formulierung das Ausgangsmaterial noch vertritt, muss am Ende der zweiten Reduktion überprüft werden. Eine weitere Reduktion kann vorgenommen werden, wenn das Material noch nicht das benötigte Abstraktionsniveau erreicht hat. Zu guter Letzt sollen alle Paraphrasen im erstellten Kategoriensystem aufgehen (vgl. Mayring 2015, S. 71).

6.5.1 Beschreibung und Begründung des Vorgehens bei der Auswertung

Das Vorgehen der Auswertungsmethode nach Mayring wird nachfolgend in vier Punkte unterteilt: Kodieren, Paraphrasieren, Generalisieren und Reduzieren. Es wird skizziert und begründet, wie bei der Forschung vorgegangen wurde.

Schritt 1: Kodieren

Bevor passende Codes für die Transkripte gefunden werden konnten, verschaffte ich mir einen Überblick über relevante Inhalte des Interviews. Dafür wurden sie erneut durchgearbeitet und bedeutende Textstellen markiert. Durch gemeinsame und unterschiedliche Aspekte konnte ich vorläufige Codes bilden, die einer ersten Strukturierung der Interviews dienten. Wichtig dabei war, die Codes nicht zu detailliert zu fassen, sodass mehrere inhaltsähnliche Textstellen darunter erfasst werden konnten. Ziel dieses Schrittes war es, interviewübergreifende Codes festzulegen. In einem Codebuch wurden die entwickelten Codes festgehalten und definiert. Das Programm MAXQDA, eine Software für qualitative Daten- und Textanalyse, war hierbei von großem Nutzen. Jedes Transkript wurde nun nochmals genau durchgearbeitet und die Textpassagen den festgelegten Codes zugeordnet. Teilweise musste ich die Codes nochmal anpassen oder umbenennen, da weitere Informationen relevant erschienen, denen ich zunächst keine Bedeutung geschenkt hatte. Von großem Vorteil war das Benutzen verschiedener Farben für die jeweiligen Codes.

Schritt 2: Paraphrasieren

Für den Schritt des Paraphrasierens nutze ich das Programm Excel, in dem eine Tabelle angelegt wurde, die alle weiteren Schritte der qualitativen Inhaltsanalyse beinhaltete. Das Paraphrasieren der ausgewählten Textpassagen diente einer ersten Bereinigung des Textes (vgl. Mayring 2015, S. 71). Dabei wurde der Inhalt des Gesagten in eigenen Worten formuliert. Herausfordernd war hierbei, andere Formulierungen zu finden und gleichzeitig sinngemäß das Gleiche zu beschreiben, denn auf Interpretationen wird in diesem Schritt verzichtet. Außerdem wurden die Textpassagen gekürzt, Bedeutungsloses, Wiederholungen oder für die Forschung unwichtige Sachverhalte wurden gestrichen. Als Forschende musste ich entscheiden, welche Aussagen relevant bzw. irrelevant sind. Schlussendlich sollten bei diesem Schritt Aussagen in grammatikalischer Kurzform entstehen (vgl. Mayring 2015, S. 72).

Schritt 3: Generalisieren

Dieser Schritt diente der Verallgemeinerung der Inhalte. Wichtig war dabei, für alle Interviews ein einheitliches Abstraktionsniveau zu finden. Die Paraphrasen wurden so überarbeitet, dass am Ende die wichtigsten Aussagen bestehen blieben. Bei der Generalisierung versuchte ich, knappe, aussagekräftige Sätze zu bilden, die die Paraphrasen auf den Punkt bringen (vgl. Mayring 2015, S. 71).

Schritt 4: Reduzieren

Für den Schritt der Reduktion wurden die Passagen der Generalisierung durchnummeriert. Dies ist notwendig, um zu jeder späteren Stelle im Forschungsprozess Rückschlüsse auf einzelne Aussagen treffen zu können und die besagte Textstelle auch im Transkript wiederzufinden. Wie in den Schritten davor diente auch dieser der Komprimierung des Textes, bedeutungsgleiche oder inhaltlich unwichtige Paraphrasen wurden gestrichen. Der Schritt der Reduktion wurde einmal wiederholt, um Paraphrasen zusammenzufassen und ein höheres Abstraktionsniveau zu erreichen (vgl. Mayring 2015, S. 71).

Um anschließend übergeordnete Konzepte bilden zu können, zog ich zunächst die Forschungsfrage und die Fragen des Leitfadens heran. Die vorläufigen Konzepte lehnten sich an den Leitfaden an und wurden prozessartig umformuliert. In der Spalte Operation in Excel ordnete ich die nummerierten Aussagen der Generalisierung den Konzepten zu. Einige Aussagen passten inhaltlich zu mehreren Konzepten und wurden deshalb vorerst auch mehreren zugeordnet. Auch hier wurden inhaltsgleiche Paraphrasen gestrichen. Schlussendlich wurden die Konzepte zu aussagekräftigen Thesen umformuliert.

6.5.2 Fazit

Die qualitative Inhaltsanalyse nach Mayring ist eine Methode, die sehr regelgeleitet vorgeht. Dies bietet Forschungsanfänger*innen die Möglichkeit, sich an ein vorgegebenes Schema zu halten und eine Forschung regelgeleitet durchzuführen. Zudem wird der detaillierte Vorgang für andere nachvollziehbar und somit die Auswertung überprüfbar. Die Erstellung von Codes bot eine schnelle Strukturierung des Textes, der Auswertungsprozess gestaltete sich für mich übersichtlich. Die Kombination aus induktivem und deduktivem Vorgehen zeigte sich für meine Forschung dienlich. So konnte ich zunächst deduktiv forschen, um die Kapitaltheorie nach Bourdieu zu bestätigen, induktiv vorgegangen bin ich bei der Frage, ob Spiritualität eine gleichwertige Ressource resp. Kapitalform ist.

Die Regelgeleitetheit und Kategorienbildung sehe ich jedoch auch als Grenzen. Ist die Forschungsfrage so gestellt, dass die Interviewperson diese „offener, explorativer, variabler" (Mayring 2000) beantwortet, ist die qualitative Inhaltsanalyse mit ihrem schrittweisen Vorgehen eher als Beschränkung zu sehen. Ebenfalls begrenzt die qualitative Inhaltsanalyse einen ganzheitlichen Analyseablauf (vgl. Mayring 2000).

Die qualitative Inhaltsanalyse ist eine mir bereits vertraute Methode der Sozialforschung, die Regelgeleitetheit stellte sich für meine Forschung als gute Unterstützung dar. Ein Nachteil, der mir während des Forschungsprozesses deutlich wurde, ist die starke Reduzierung auf ein höheres Abstraktionsniveau. Hierbei besteht die Gefahr, relevante Inhalte wegfallen zu lassen.

7 Darstellung der Ergebnisse

Nachfolgend werden die Ergebnisse der Forschung in acht Thesen beschrieben und mit Ankerzitaten belegt.

These 1: Die Schwerpunktsetzung Trauerarbeit entwickelte sich bei den Interviewpartner*innen im Laufe des Berufslebens

Ein Ergebnis der Forschung ist, dass sich alle Befragten erst im Laufe des Berufslebens auf den Bereich der Trauerarbeit fokussiert haben. Dies ergab sich meist durch die Tätigkeit an der ursprünglichen Arbeitsstelle. Vier der sechs Interviewpartner*innen arbeiteten zunächst in der Seelsorge bzw. in der Begleitung kranker Menschen und mussten sich dadurch unweigerlich auch mit dem Sterben befassen.

> *„Und weil ich /eh/ vor allem in der Behandlung von Leukämie, also von Blutkrebs und ähnlichen Krankheiten, manchmal nicht nur Wochen, sondern Monate, manchmal Jahre /ehm/ Menschen gekannt habe, Patienten gekannt habe /ehm/, war das irgendwie für mich logisch, dass ich mich hinterher auch um diese Familien kümmere [...] so wie ich sozusagen bisher für euch da war, will ich auch künftig versuchen dran zu bleiben bei der Geschichte, im Rahmen der Möglichkeiten"* (Interview 1)

Eine Interviewpartnerin arbeitete als Studentenseelsorgerin und wollte sich beruflich umorientieren. Durch eine Freundin, die Trauerbegleitung in Anspruch genommen hatte, war ihr Interesse geweckt.

Ein weiterer Interviewpartner berichtete von seiner Arbeit als Trauerredner, aus der sich die Idee eines Trauercafés entwickelte.

> *„[U]nd der Sinn ist auch/ besteht darin, dass sich Leute treffen /eh/ die gesagt haben, von ihren Freunden zu hören, jetzt muss doch (auch mal?) gut sein. Die wissen/ die kommen dahin und wissen sie brauchen eigentlich nichts erklären. So und das ist /eh/ sagen wir mal kurz der Sinn. Und*

wie gesagt, wie ich drauf gekommen bin, weiß ich nicht genau. Ich hatte nur das sichere Gefühl, dass es sinnvoll ist." (Interview 6)

Eine Befragte berichtete auch, dass persönliche Geschichten ein Motiv für die Arbeit mit trauernden Menschen ist.

Auf die Frage nach der Motivation, in der Trauerbegleitung zu arbeiten, antworteten drei der Befragten, dass sie Menschen in einer solchen Krise beistehen wollen mit dem Ziel, dass die Betroffenen ohne die verstorbene Person wieder zurück ins eigene Leben finden.

> *„[M]eine Motivation ist in diesem Klinikablauf /ehm/ ein Mensch zu sein, der Zeit hat, der ohne Vorbedingungen kommt, der /ehm/ einfach Interesse hat an der Situation der Menschen und teil nimmt an der Situation und ein Stück des Weges mitgeht. Ohne /ehm/ das ein Ergebnis rauskommen muss. Also Psychologen müssen eher was dokumentieren, die Ärzte haben auch ihre alle/ /ehm/ sind verpflichtet /eh/ einen Erfolg oder wünschen sich einen Erfolg und ich kann erst mal schauen, was ist eigentlich dran und was ist da und was ergibt sich in der Begleitung*" (Trankskript 2)

Zu sehen, wie sich der Schmerz über den Verlust eines verstorbenen Menschen wandelt und wie sich aus Schicksalsschlägen gute Entwicklungen ergeben haben, schilderten zwei der Befragten.

Eine Interviewpartnerin erzählte, dass ihr die Arbeit mit sterbenden Kindern in der Klinik schwer gefallen ist. Die Begleitung trauernder Angehöriger beschrieb sie so:

> *„Also ich stelle mir das immer so vor, wie/ wie so ein Tunnel oder wie so ein Brunnen /ehm/ beim Sterben muss man lassen, immer mehr lassen und das wird auf einmal ganz schmal und bei der Trauer geht es vom Schmalen wieder hin ins Breitere und da an die Energien, an die Ressourcen anzuknüpfen/ auch wieder zu schauen, da kann man was /eh/ hinfüh-*

ren /eh/ z/ zur einer Qualität, also wo sie wieder in ihre eigene Kraft kommen/ habe ich gemerkt, das fällt mir leichter, ja." (Interview 5)

Ein Interviewpartner kann darüber hinaus seine Motivation aus seinem Glauben nehmen.

„[U]nd von meiner christlichen Überzeugung her oder Glaubensüberzeugung her [...] gibt es eben die m/ Motivation /eh/ das ist einfach das Bild /eh/ oder der Satz Gott ist treu, ja." (Interview 1)

Zwei der Interviewpartner*innen erwähnten, dass es wichtig ist, die eigene Motivation regelmäßig zu prüfen.

„Also ich habe schon viel probiert /eh/ bei der Frage jedes Jahr, mach ich das weiter, die stelle ich mir ja wirklich /eh/ mit einem offenen Ausgang. Da ich selbstständig bin, kann ich mich das fragen. Und ich bin sehr risikofreudig, ich frage mich <u>wirklich</u>, also nicht /eh/ mach ich das noch, sondern möchte ich das <u>wirklich</u> weitermachen und unter welcher besonderen Vorgabe" (Interview 4)

These 2: Erfahrung und Wissen sind grundlegend für eine gelingende Begleitung

Ein zentrales Ergebnis der Forschung ist, dass das professionelle Handeln der Befragten eine wichtige Stütze für sie ist. In drei von sechs Interviews wurden bei der Frage nach Kraftquellen für die Bewältigung des Arbeitsalltags an erster Stelle Fort- und Weiterbildungen genannt, sowie das Wissen, das sie sich durch das (Eigen-) Studium erworben hatten. In zwei weiteren Interviews erwähnten die Interviewpartner*innen ihre Ausbildungen bereits in der Eingangsfrage.

„[U]nd ich durfte dann verschiedene (..) ja Ausbildungen machen, Zusatzausbildungen, die mir einfach auch in meinem Kopf ein Geländer gegeben

haben, wodurch es leichter geworden ist, weil man ja (..) fast so w/ wie beim Arzt ein bisschen so eine Diagnose hat [...]" (Interview 5)

Darüber hinaus spielt auch die jahrelange Erfahrung eine wichtige Rolle, die für die Interviewpartner*innen als Ressource dienlich ist. Dazu gehört zum großen Teil die Erfahrung, dass eine Begleitung fruchtbar und für die trauernden Menschen hilfreich ist. Zwei der Befragten verknüpften Erfahrungen mit einer Arbeitsroutine, die ihnen eine Stütze ist.

> *„[A]ber vor allem ist es die gemachte Erfahrung und die Reflexion von Abläufen, was hätte ich besser machen können und vor allem wo hätte ich gar nichts besser machen können, weil es ist einfach so geworden, weil es so werden musste. Das ist ein/ eine große Sache/ das sind meine Erfahrungen, auf die ich /eh/ mich stütze und die mir Kraft geben weiterzumachen.*" (Interview 4)

Eine Interviewpartnerin berichtete neben ihren Fort- und Weiterbildungen auch von ihrer Inanspruchnahme einer Supervision.

Ein Interviewpartner erwähnte sein Verständnis von Trauer, das ihm hilft, seine Arbeit gut machen zu können:

> *„[I]ch gehe ja nicht davon aus, dass diese Menschen krank sind oder psychisch gestört sind, sondern das sind gesunde Menschen, die können <u>denken</u>, die können <u>fühlen</u>, die/ die haben Ideen, die /eh/ die machen Vorschläge, die probieren Dinge aus, die scheitern, die fluchen, die schimpfen, die freuen sich, also die <u>leben</u>.*" (Interview 1)

Ein weiteres Ergebnis der Forschung ist, dass eine bestimmte professionelle Haltung von Nöten ist, um trauernde Menschen zu begleiten. In fünf Interviews wurde das Verhältnis von Nähe und Distanz angesprochen. Dies wurde besonders deutlich, als es um das richtige Maß der Belastung und die Abgrenzung zum Schicksal anderer ging.

> *„Also das wäre jetzt anmaßend zu sagen, ich wüsste mein Maß /eh/ manchmal muss man auch leider über das Maß, weil man kann nicht mitten im Gespräch sagen, das ist mir jetzt zu viel ((lachend)). Und dann braucht es halt auch/ wirklich auch danach die Ehrlichkeit zu sagen, jetzt geht für heut/ also jetzt geht nichts, jetzt muss ich einfach auch mal selber schauen, wie ich damit fertig werde /eh/ da gibt es sehr unterschiedliche Dinge, die da helfen."* (Interview 5)

> *„Was ganz wichtig ist, was ich auch in Ausbildungen weitergebe, ist, dass ich mich abgrenze. Es ist nicht mein Schicksal, sondern es ist das Schicksal (..) des Klienten, der Klientin [...]"* (Interview 3)

Eine Interviewpartnerin berichtete von ihrer Haltung, sich von Trauernden komplett betreffen zu lassen.

> *„[I]ch muss ganz rüber gehen, ich muss nachfühlen können, wie das ist, ein Kind zu erwarten und das Kind stirbt in der Geburt. Dann muss ich ganz da drüben sein."* (Interview 4)

Die Schwierigkeit besteht ihrer Meinung nach darin, nach der Begleitung wieder zu sich zu kommen und sich vom Schicksal der trauernden Angehörigen wieder zu distanzieren.

Eine weitere Einstellung, die von der Hälfte der Befragten geäußert wurde, ist, dass in der Trauerarbeit keine Lösungen gegeben werden können. Vielmehr geht es um Präsenz und empathisches Mitgehen.

> *„[W]as man in der Trauerbegleitung tut, kann immer nur die zweitbeste Lösung sein. Also die beste Lösung, dass der geliebte Mensch wieder da ist, die kriegt man nicht hin. Also es bleibt immer (..) eigentlich was/ nur eine Behelfsbrücke ist ja [...]"* (Interview 5)

Drei der Befragten erwähnten die Gefahr der Abhängigkeit der trauernden Menschen von ihrer*ihrem Begleiter*in, die beachtet werden muss. Deshalb definierte ein Interviewpartner als Ziel der Begleitung, dass die Klient*innen selbstständig werden. Eine Gesprächspartnerin beschrieb dieses Abhängigkeitsverhältnis so:

> *„Das ist in sozialen Bereichen manchmal bisschen gefährlich, finde ich. Man hat viel Macht, wenn man in /eh/ Menschen die ohnmächtig sind, gegenüber tritt. Und da muss man/ also möchte ich in der Situation natürlich auch viel Macht abgeben, damit wir auf die gleiche Ebene kommen. Und das /eh/ ist gar nicht so einfach."* (Interview 5)

These 3: Die Teilnahme am gesellschaftlichen Leben ist für Trauerbegleiter*innen ein wichtiger Ausgleich

Beim Auswerten der Ergebnisse zeigte sich, dass alle sechs Interviewpersonen einen Ausgleich zu ihrer beruflichen Tätigkeit als wichtig empfinden. Musik ist eine wesentliche Kraftquelle für die Interviewpartner*innen, fünf der Befragten erwähnten in ihrer Freizeit Musik als Medium zu nutzen. Von diesen gaben drei an, gerne in Gemeinschaft zu singen.

> *„Also in der letzten Zeit ganz spektakulär für mich/ es gibt das Theater in [Stadtnamen] Kasimir und Karoline, da gibt es ein Männerchor, da mache ich mit [...] das ist aber wirklich die Ausnahme, wo ich echt /eh/ Power draus ziehe."* (Interview 6)

Darüber hinaus gaben zwei Personen an, eine Weiter- bzw. Ausbildung in einem Freizeitbereich gemacht zu haben, der nun eine Art Nebenerwerb zu ihrer Arbeit ist. Eine Interviewpartnerin hat eine Ausbildung in Stillem Qi Gong, einer chinesischen Meditation, welches sie alleine oder in Gemeinschaft anderer praktiziert. Eine weitere Befragte arbeitet als Winzerin.

> *„Ich bin nicht von Haus aus Winzerin /ehm/ ich bin das geworden /ehm/ aufgrund einer sehr komplizierten Situation, wo diese Mutter sich suizidiert*

hat, das hat mich/ also da habe ich erst mal auf Stopp geschaltet, weil das ist das, was niemand erleben möchte." (Interview 4)

Drei der Befragten nannten das soziale Umfeld als wichtige Ressource für die Arbeit mit trauernden Menschen. Die Gemeinschaft mit anderen drückten sie jedoch unterschiedlich aus. Bei einer Interviewpartnerin ist es das familiäre System, das ihr Halt gibt, bei einer weiteren ist es der Kontakt zu ihren Enkelkindern. Eine Befragte erwähnte gemeinschaftliche Gespräche:

> *„[A]uch der Austausch mit anderen zu bib/ biblische Texte, Bibelteilen /eh/ ist für mich was Kostbares und was Wichtiges und gemeinsam darüber nachdenken, was ist/ was/ was bedeuten die alten Geschichten für uns /eh/ heute, haben die noch was zu sagen oder was haben sie für unsere Fragen /eh/ für eine Botschaft.*" (Interview 2)

These 4: Spiritualität wird persönlich definiert und individuell gelebt

Zunächst ist festzuhalten, dass vier der Befragten einen Zugang zu Spiritualität haben und diese Teil ihrer Identität ist. Zwei der Befragten können mit dem Begriff Spiritualität wenig anfangen: Ein Interviewpartner bezeichnete sich als nicht spiritueller Mensch. Eine weitere Befragte gab an, dass Spiritualität für sie keine Rolle spielt.

Die Frage nach einer Definition von Spiritualität ergab unterschiedlichste Aussagen, die wegen ihrer Diversität in aufgelisteter Form dargestellt werden:

Der erste Interviewpartner beschrieb Spiritualität als etwas nicht Festgelegtes, mit dem jede Person ihren eigenen Umgang finden muss. Er selbst mache seine Spiritualität am Lebensmodell Jesu fest:

„[W]eil in diesem Lebensmodell Jesu zwei Dinge ganz wichtig sind, nämlich, dass auch /ehm/ das Leiden/ dass der Schmerz, dass Sterben und Tod, dass Scheitern sozusagen dazugehören, aber dass das nicht das letzte Wort ist, sondern dass das überwunden werden kann, da durch die Liebe. Also die Liebe als /ehm/ als universe/ /eh/ universale Kraft, die immer das Leben sucht und das Leben will auch durch schwere Krankheiten, auch durch den Tod hindurch."(Interview 1)

Eine weitere Interviewpartnerin, die in einer Kinderklinik tätig ist, beschrieb Spiritualität in Bezug auf ihren Alltag mit kranken und sterbenden Kindern. Dabei bezog sie sich auch auf die Macht der Liebe:

„Das bedeutet für mich, dass es mehr gibt, als die sichtbare Welt und das sage ich auch immer den Eltern, und ich sage, /eh/ sie merken ja, dass sie diese Situation /eh/ schaffen und ich glaube /ehm/ ich glaube, dass die unsichtbare Welt sehr /ehm/ wirkmächtig ist u n d manchmal schauen sie mich dann an und dann sage ich, ja (..) zum Beispiel die Liebe, das ist ja was, was man nicht sieht, also was man nicht anlangen kann. Und doch ist die doch so wirklich da." (Interview 2)

Eine Befragte, die auf verschiedenen Kontinenten gelebt und gearbeitet hat, bezog ihre Spiritualität auf die verschiedenen kulturellen Erfahrungen:

„Das ist was ganz weites. Ich habe ein langes Leben gelebt und in diesem Leben (..) viele Arten von Spiritualität erfahren und gelebt /eh/ ((räuspert sich)) das ist natürlich der Glaube, in dem ich aufgewachsen bin, ich bin Theologin, aber dieser Glaube hat sich ständig verändert, wurde auch [...] durch /eh/ wie sagt man, chinesische Spiritualität oder chinesische Einflüsse /eh/ durch /ehm/ zum Teil auch buddhistische/ sind ja chinesischen /eh/ /eh/ Meditation auch dabei. Auf der anderen Seite ist die Natur eine starke Quelle der Spiritualität." (Interview 3)

Eine Gesprächspartnerin, die angab, dass Spiritualität für sie keine Rolle spielt, beschrieb den Begriff rational:

> *„Für mich persönlich würde ich sagen, es gibt/ ich glaube Zusammenhänge/ viele, die wir nicht erkennen, manche, die wir erkennen. Und es ist ein großer Gewinn, wenn man sich auf Zusammenhänge verlassen kann, ja. Dass ausgehend vom Tod eines Kindes eine gute Entwicklung stattfinden kann, das ist ein Zusammenhang."* (Interview 4)

Sich an eine höhere Instanz wenden zu können, die Kraft gibt und durch die sie sich nicht alleine fühlt, gab eine Interviewpartnerin an, als sie Spiritualität definierte:

> *„Also für mich in meiner Spiritualität ist tatsächlich <u>sehr</u> wichtig, dass ich mit einem du reden kann und dass dieses /eh/ du das aushält, auch/ also auch m/ mit mir also zu i/ ich kann auch ringen mit ihm, ich kann ihm das auch hinwerfen, ich kann ihn fragen, ich kann/ ich kann ihm mein Leid klagen, ich habe da jemand /eh/ von dem ich überzeugt bin, dass er mich hört und dass er mir <u>tatsächlich</u> auch irgendwo Antworten gibt."* (Interview 5)

Ein Interviewpartner nannte eine gute Gesprächsatmosphäre, in der ruhig und zugewandt ohne Vorurteile miteinander geredet wird, als Form der Spiritualität. Obwohl er Schwierigkeiten mit dem Begriff Spiritualität hat, konnte er einen Ort nennen, der ihm zu diesem Thema einfällt:

> *„Mir fällt gerade ein, d/ der beste Platz für Glauben und Spiritualität ist die Wüste. Da gibt es <u>nichts</u> (..) wo einen <u>nichts</u> ablenkt [...] dann hören Sie <u>nichts</u>, kein Wind, kein Vogel, a b s o l u t <u>nichts</u>. Und so viel <u>nichts</u> habe ich in meinem ganzen Leben noch <u>nie</u> gehört und danach nie wieder. Da würde ich sagen /eh/ wenn man in die Wüste geht /eh/ da hat man die Chance, ein/ ein spirituelles Leben zu führen."* (Interview 6)

Unabhängig, ob die Person sich als spirituell versteht oder nicht, wurde im Zuge der Frage nach Spiritualität oft die Wirkung der Natur genannt. In fünf der vorliegenden Interviews berichteten die Befragten, dass die Auseinandersetzung mit der Natur eine wichtige Kraftquelle und darüber hinaus ein wertvoller Ausgleich zur beruflichen Tätigkeit ist. Die oben befragte Winzerin gab zu ihrer Arbeit an:

> *„Das /eh/ powert mich aus/ körperlich, da spricht keiner mit mir, ich habe es mit der Natur zu tun, mit alten Rebknochen, die viel älter sind als ich. Das gibt mir die meiste Kraft, würde ich sagen [...]"* (Interview 4)

Auf die Frage, was die Natur so besonders macht, dass so viele Menschen in ihr eine Kraftquelle spüren, antwortete eine Interviewpartnerin:

> *„Also, wenn Sie (..) einen oder meinen chinesischen Großmeister, den Qi Großmeister fragen, dann wird er sagen, in der Natur, in allem ist Qi, L e b e n s k r a f t und die kann man sich holen. Und /eh/ ich glaube es ist in allem/ auch die alten Griechen sagten, das Pneuma, das in der Natur, im Wald, am Meer, in den Flüssen, in allem ist Pneuma, Geist Gottes und /eh/ die Natur ist lebendig und wenn es Steine sind, die waren lebendig und ((räuspert sich)) in der Trauer verliert ein Mensch auch an Lebensenergie, also wir sagen ja auch /eh/ wenn jemand aus einer Krankheit oder aus einer Trauer, wenn es wieder besser geht, da kommen die Lebensgeister wieder zurück und ich glaube jede/ in jeder Kultur wurde das benannt, was (..) das ist. Wir sind Teil der Natur (..) zum Teil, aber /eh/ /eh/ von da her /eh/ ist es etwas, was uns einfach gut tut."* (Interview 3)

Beim Auswerten der Interviews wurde deutlich, dass alle Interviewpartner*innen Rituale praktizieren, die spirituellen Charakter haben. Das oben genannte Singen, das fast alle Befragten praktizieren, kann als spirituelle Handlung gesehen werden. Eine Gesprächspartnerin definierte dies auch so:

„Also wie ich sie (unv.) ein Ausdrucksmittel für meine Spiritualität ist das/ würde ich sagen ist das Singen, ich singe sehr gerne. Ich habe das Glück, dass ich einen Mann habe, mit dem ich zweistimmig singen kann ((lachend)) und /eh/ das ist für mich was ganz Wunderbares, ja." (Interview 2)

Des Weiteren gaben drei Personen an, Übungen in Stille zu machen, um sich so zu sammeln. Ebenfalls drei Interviewpersonen berichteten, dass sie regelmäßig meditieren. Eine Interviewpartnerin erwähnte das Praktizieren von Stillem Qi Gong als Ressource.

„Das stille Qi Gong bewirkt bei mir, das was es bei allen Menschen bewirkt, eine tiefste Tiefenentspannung. Man kommt in einen /eh/ sogenannten Qi Gong Zustand, der /eh/ den viele Menschen auch beim Rosenkranz so erleben (unv.) wenn sich in anderen Religionen/ wenn sich etwas wiederholt, aber es ist das, von dem ich weiß, was den tiefsten/ die tiefste Tiefen /eh/ Entspannung bringt." (Interview 3)

Drei Interviewpartner*innen gaben das Gebet als Ritual an, das sie regelmäßig praktizieren. Dazu gehört auch das Vertrauen an eine höhere Macht, die mitwirkt.

„Ja, für mich ist auch das Gebet was wichtiges, also eine/ eine Kraft, dass ich /ehm/, dass ich noch eine Instanz habe an die ich mich wenden kann und wo ich /ehm/ auch meine Betroffenheit und meine Sorge abgeben kann und sagen kann, ich tue meinen Beitrag, aber du Gott, musst auch was (tun?) ((lachend)) Ich bin nicht letztendlich für alles verantwortlich, ja. Das gibt mir Kraft." (Interview 2)

Ein Interviewpartner unterschied in diesem Punkt das Sprechen *zu* und das Gespräch *mit* Gott:

„[I]ch rede immer schon mal zu Gott. Ich be/ würde nie behaupten, dass ich mit ihm rede, ich warte nämlich immer vergebens auf die Antwort. Ich

hätte gerne wie Moses, ganz einfach. Also ich wende mich immer schon mal an ihn und finde das sehr erleichternd /ehm/ (...) und damit muss ich mich bedauerlicherweise begnügen, wie wahrscheinlich viele andere auch [...]" (Interview 6)

Dass Formen der Spiritualität nicht als Technik genutzt werden können, sondern absichtslos wirken, beschrieb ein Befragter.

> *„Also ich/ ich geh/ ich funktionalisiere das nicht, ich gehe da nicht hin sozusagen, wo man/ um zu hoffen, dass es mir dann im Krankenhaus oder in meinem Job besser geht, sondern /eh/ das ist einfach ein Teil /ehm/ ein Teil des Umgangs mit mir selber und ein/ ein Ausdruck auch meines Glaubens, meiner Spiritualität. Aber das geschieht sozusagen absichtslos, es geschieht, es hilft, es heilt, es ordnet, es gibt neue Kraft, ja. Aber es wird sozusagen nicht/ nicht/ nicht verzweckt oder bezweckt, ja.*" (Interview 1)

Eine weitere Erkenntnis der Forschung ist, dass Spiritualität in ganz alltäglichen Dingen vorzufinden ist. Ob Handlungen spirituellen Charakter haben, ist abhängig von der Situation und der Bedeutung, die die Person ihr schenkt.

> *„Eigentlich auch eine Krippe aufbauen ((lachend)) ist für mich irgendwie auch immer etwas spirituelles, weil ich d/ /eh/ damit auch ausdrücke, was ich /ehm/ für eine Hoffnung habe oder /ehm/ wie das Weihnachtsgeschehen/ wie ich das in diesem Jahr deute und was ich für einen Rahmen ihm gebe /ehm/ (..) Ja, könnte man vielleicht sagen, ist auch meine Spiritualität, wie ich sie gestalte oder wie ich sie lebe [...]*" (Interview 2)

> *„Ich musste/ bis vor zwei, drei Jahren habe ich mir nach jeder Trauerfeier ein Brö/ ein Teilchen gekauft, da musste ich was Süßes essen [...]*" (Interview 6)

These 5: Wertschätzende Rückmeldungen sind Bestärkung für die Begleiter*innen

Eine weitere Ressource, die den Interviewpartner*innen eine Kraftquelle für ihre Begleitungen ist, ist die positive Resonanz der Klient*innen. Dies gibt den Begleiter*innen die Bestätigung, mit ihrer Haltung und ihrer Tätigkeit unterstützend zu wirken und ihre Arbeit gut zu machen. Die Hälfte der Befragten gab an, dass Rückmeldungen eine Kraftquelle für sie seien. In zwei weiteren Interviews erwähnten die Interviewten, dass durch die Begleitung gute Entwicklungen entstanden seien, die sie in ihrer Arbeit bestärkten.

> *„Da gibt es Briefe, da gibt es Telefonate, da gibt es Geschenke, man trifft die vielleicht /eh/ in irgendeinem Kontext mal wieder und dann sagen die, sie haben uns damals gerettet ((lachend)) ja oder sie sagen, das wissen sie vielleicht gar nicht, aber sie waren wirklich wie ein <u>echter</u> Schutzengel für <u>mich</u> und für meine <u>ganze</u> Familie oder ohne sie wäre ich/ hätte ich durchgedreht, so.*" (Interview 1)

These 6: In der Trauerbegleitung entstehen viele spirituelle Impulse

Ein weiteres Ergebnis der Forschung ist, dass im Begleitungsprozess Handlungen, Gespräche und Gedanken spirituellen Charakter innehaben. Dies wird von den Begleiter*innen wie auch von den trauernden Menschen nicht unbedingt so definiert und ist nur in Teilen bewusst spirituell konnotiert. Interviewübergreifend kann festgehalten werden, dass Trauerbegleitung immer situations- und personenbezogen sein muss. Es zeigt sich, dass Trauer gelebt werden muss, um mit dem Verlust einer*eines verstorbenen Angehörigen weiterleben zu können.

„Trauer braucht einen Ausdruck. Also Trauer ist was sehr kreatives, was/ wenn es kein Ausdruck hat, drückt es sie ein und das kann krank machen. Und nach dem Ausdruck müssen wir suchen." (Interview 5)

Drei der interviewten Personen erwähnten die Suche nach einem Ort, der Trauernden Kraft gibt. Dabei spielt die oben erwähnte Natur eine wesentliche Rolle, denn diese Begleiter*innen sprachen von Bergen, Flüssen und Wäldern, die den trauernden Menschen Kraft geben.

„[W]as ich den Leuten sage /ehm/ /ehm/, dass ich sage, schau mal [...] wo kannst du hingehen/ versuch mal zu spüren, wo kannst du hingehen und kommst ganz zu dir und findest an diesem Ort irgendwie eine Beruhigung oder eine Sicherheit oder e/ vielleicht sogar eine neue Kraft. Also das ist das berühmte Wort vom Kraft- Ort, ja." (Interview 1)

Diese Orte haben spirituellen Charakter, weil sie oft mit Verstorbenen in Verbindung gebracht werden. Für eine Interviewpartnerin ist der Glaube an einen transzendenten Ort etwas, das sie stärkt:

„Ich kann einfach sagen, ich bin davon überzeugt, dass wir uns wieder sehen. Ich weiß es nicht, aber ich möchte das. Und das war für viele Eltern gut zu hören, ob sie es glauben oder nicht, aber, dass es ihrem Kind jetzt gut geht, das war ihnen so wichtig oder so schön zu hören. Ich weiß es ja auch nicht, aber ich bin davon überzeugt, weil es auch mir eine Hilfe war, sonst hätte ich nicht mehr in die Klinik reingehen können, also ich brauche ja auch was, ja." (Interview 5)

Zwei der Interviewten erwähnten das Sprechen mit der verstorbenen Person, das Menschen oft hilft in ihrer Trauer. In Verbindung zum oben erwähnten sicheren Ort bzw. Kraftort können Menschen in gedanklichen Austausch treten. Eine der Interviewpersonen erwähnte, dass spirituelle Personen leichter in diese besondere Form des Austauschs kommen.

Rituale, die auf christlichem Hintergrund der Interviewpartner*innen durchgeführt werden, sind Segnungs-, Tauf- und Trauerfeiern. In zwei Interviews war dieses Ritual eine Handlung, um die kranke oder verstorbene Person in die Hand Gottes zu legen und den Angehörigen Kraft zu schenken.

> *„[D]as Kind hat dann sich relativ gut entwickelt und da war immer die Erinnerung an die Taufe was/ was sehr /ehm/, was uns alle immer gut gestimmt hat und wir gesagt haben, wie gut, dass wir da zusammen waren und wir alle Liebe ihm geschickt haben."* (Interview 2)

Trauerbegleitung besteht aus vielen kleinen Schritten, die mit den hinterlassenen Angehörigen gegangen werden. Durch die Fokussierung auf kleine, alltägliche Kraftquellen können Menschen aus ihrer Trauer wieder den Weg ins Leben finden. Eine Interviewpartnerin sprach davon, wie viel Mut dies aber auch den Klient*innen abverlangt. Weiter wurden als spirituelle Vollzüge die Namensgebung eines Kindes, Tränen und das Gestalten einer Kerze genannt.

Eine der Interviewpersonen erwähnte Stilles Qi Gong als spirituelle Ressource in der Begleitung einer trauernden Frau.

> *„[D]ann kam sie eine Woche später wieder und hat gesagt, sie will jetzt nur noch stilles Qi Gong üben, sie will keine Trauerbegleitung mehr, denn das sei für sie Trauerbegleitung."* (Interview 3)

These 7: Die (kritische) Auseinandersetzung mit Gott ist fester Bestandteil des Trauerprozesses

Eine Erkenntnis der Forschung ist, dass Trauer auch immer ein Hadern mit einer höheren Macht impliziert. In fünf der Interviews wird auf die Auseinandersetzung mit Gott eingegangen. Auch früher gläubige Menschen zweifeln nach dem Tod eines geliebten Menschen an Gott, aber auch atheistische, religionsferne Menschen richten ihre Ohnmacht an ihn.

> *„Es gibt andere Menschen, die sagen, ich hasse Gott, ich war so fromm und wir haben nur Gutes getan, mein Mann und ich und jetzt hat Gott ihn geholt und an einen solchen Gott kann ich nicht mehr glauben."* (Interview 3)

Ein konkreter Ausdruck der Auseinandersetzung mit Gott zeigt sich in Fragen nach dem Sinn. Sie sind fester Bestandteil der Trauer. Dabei spielen sie zu Beginn des Trauerprozesses eine geringere Rolle, da es oft zunächst um das tägliche Über- und Weiterleben geht.

> *„Ich würde sagen in der Tr/ also das ist meine Erfahrung, in der Trauer gibt es in der Regel ganz wenig Sinn. In der Trauer spielt es eine Rolle/ bei Eltern, wie überlebe ich den Tod meines Kindes. W/ Will ich überhaupt noch einen Schritt weiter gehen. Also in der Trauer, würde ich sagen, gibt es wenig Sinn. Und das e r l a u b e ich explizit, dass es jetzt gerade gar keinen Sinn geben muss. Später ist die Frage berechtigt."* (Interview 4)

Die Sinnfrage zeigt sich zudem auch in Fragen nach dem *Warum?*. Dabei kann sich die Frage auf real existierende Zustände beziehen, wie die Frage nach der Schuld, beispielsweise bei einem medizinischen Fehler oder einem Autounfall. Die Frage nach dem *Warum?* zielt aber auf mehr als das Erklärbare, sie richtet sich an etwas Höheres, nicht Greifbares.

> *„Es kann aber auch sein, diese Frage birgt das Ganze. Warum ist diese Welt so? Und warum hat es jetzt meinen Sohn, mein Kind getroffen, ja. /Ehm/ warum/ warum gibt es überhaupt Schicksal? Warum gibt es überhaupt Leid? Warum gibt es überhaupt böse Menschen, die in ihrer Unaufmerksamkeit andere über den Haufen fahren? Warum gibt es Ärzte, die Fehler machen? Also/ also das sind so Fragen, /ehm/ die werden nicht in einer rel/ mit einem religiösen Vo/ Vokabular gestellt ja und sind trotzdem*

echte spirituelle Fragen, weil sie auf das Ganze zielen, auf den Sinn vom Leben […]" (Interview 1)

Eine Interviewpartnerin kritisierte in diesem Zuge die christliche Seelsorge, die ihrer Meinung nach einen religiösen Sinn für Schicksalsschläge finden will. Sie kann in ihrer Arbeit Spiritualität nicht als Ressource anbieten, ist aber offen, spirituelle Menschen auf ihrem Weg zu begleiten.

„Also die klassische Seelsorge versucht ja manchmal /eh/ da was anzubieten, ja, das ist für viele Eltern ein No Go. Da gibt es gar kein Sinn, ja […] Anbieten im Sinne von, vielleicht gibt es einen Sinn, dass dieses Kind jetzt gestorben ist, vielleicht /eh/ verändert sich ihr Leben gut /eh/ vielleicht gibt es einen Trost und so und das /ehm/ das greift nicht." (Interview 4)

These 8: Trauerbegleiter*innen müssen sich verschiedenen Herausforderungen stellen

In vier der Interviews erwähnten die Befragten herausfordernde Aspekte ihrer Arbeit. Diese basieren zum größten Teil auf der unzureichenden Offenheit im Umgang mit Trauer in der Gesellschaft. Obwohl es wahrscheinlich kein allgemeingültigeres kritisches Lebensereignis gibt als den Tod, haben Trauer und somit auch trauernde Menschen einen schwierigen Stand. Ein Interviewpartner erwähnte die mangelnde Trauerkultur bei Männern, die wesentlich seltener bestehende Angebote wahrnehmen.

„Ich glaube, die Männer müssten sich mehr trauen /eh/ sollten sich trauen, dass sie das nicht alleine machen müssen /ehm/ dass sie/ dass es keine Schande/ dass man sich nicht schämen muss, wenn man Hilfe braucht. Das ist so mein Eindruck." (Interview 6)

Ein anderer wichtiger Aspekt der Herausforderung ist die finanzielle Situation in der Trauerbegleitung. Ein Befragter erwähnte die schwierige Lage in Krankenhäusern, die mehr und mehr zu Wirtschaftsunternehmen würden und das Individuum aus dem Blick verlieren würden. Eine andere Interviewpartnerin bemängelte die fehlende finanzielle Unterstützung für selbstständige Trauerbegleiter*innen.

> *„[D]as andere ist so gesellschaftliches Thema, warum gibt es da kein Geld? Auch nicht von der Kirche. Das frustriert mich total. Ich habe oft die katholische Kirche angefragt, da gibt es ja Gelder. Aber das rutscht immer durch."* (Interview 4)

Um diesen Herausforderungen entgegenzuwirken, schlug die Interviewperson unter anderem vor, universitäre Strukturen zu verändern und Studierende besser für die Arbeit mit trauernden Angehörigen vorzubereiten.

8 Zusammenfassung der Ergebnisse

Für die Forschung im Rahmen meiner Bachelorthesis wurden sechs Personen befragt, die zwischen zwölf und dreißig Jahren in der Begleitung trauernder Menschen arbeiten. Die Motivation, in diesem Bereich zu arbeiten, überschneidet sich bei den Befragten. Alle möchten Menschen in diesem kritischen Lebensereignis beistehen und sie nach dem Tod eines nahen Angehörigen wieder hin zum Leben begleiten.

Eine wichtige Forschungsfrage bezog sich auf die Ressourcen der Begleiter*innen, die ihnen hilfreich in der Arbeit mit trauernden Menschen sind. Für einen Großteil der Befragten sind Wissen und Erfahrung die Grundlagen ihrer Tätigkeit, auf die sie sich verlassen können. Es zeigt sich, dass die Interviewpersonen durch ihre Berufserfahrung Haltungen entwickelt haben, die sich positiv auf die Begleitung und auf ihre eigene Psychohygiene auswirken. Darüber hinaus spielt das Integriertsein in ein soziales System eine wichtige Rolle, um einen Ausgleich zur Arbeit zu schaffen.

Die Frage nach der Relevanz von Spiritualität als Ressource wurde von einem Großteil der Befragten bejaht, sie können ihre persönlich gelebte Spiritualität auch in ihre Begleitungspraxis integrieren. Ein kleinerer Teil der interviewten Personen steht dem Begriff Spiritualität kritisch gegenüber, als Pendant mit gleicher oder ähnlicher Wirkung nennen sie das Erleben der Natur als heilsame Kraft.

In der Begleitung taucht Spiritualität vor allem in Sinnfragen auf, in der sich das Nicht-Verstehen-Wollen und -Können eines Schicksals an eine höhere Instanz wendet. Beispielsweise wird die Frage nach dem *Warum?*, die auf den Sinn des Lebens zielt, in den meisten Begleitungen gestellt. Im Begleitungsprozess tauchen spirituelle Elemente auf, die spontanen und unbewussten Charakter haben.

Abschließend lässt sich sagen, dass Spiritualität Teil eines jeden Trauerprozesses ist, sich aber in Art und Weise unterscheidet und von der trauernden Person selbst als positiv, unbedeutend oder negativ definiert wird. Für Trauerbegleiter*innen ist Spiritualität eine vielschichtige Ressource, es sind jedoch noch weitere Ressourcen essentiell, um eine gute Trauerbegleitung anbieten zu können.

9 Diskussion

Anhand der Forschung wollte ich herausfinden, welche Ressourcen bedeutend sind für Personen, die in der Trauerbegleitung arbeiten und inwiefern Spiritualität dabei eine Kraftquelle sein kann. Auf Basis der Kapitaltheorie von Bourdieu werden die Forschungsergebnisse unter der Fragestellung, ob und inwiefern Spiritualität als wesentliche Ressource hilfreich ist, diskutiert.

Wie bereits in Kapitel 2 erwähnt, unterscheidet Bourdieu ökonomisches, kulturelles, soziales und symbolisches Kapital (vgl. Bourdieu 1983). Ein zentrales Ergebnis der Forschung ist das Vorhandensein verschiedener Ressourcen, auf die sich die Begleiter*innen beziehen. So ist beispielsweise die ökonomische Ressource in Form von Geld grundlegende Voraussetzung, um ein Studium finanzieren und im Laufe des Berufslebens verschiedene Fort- und Weiterbildungen absolvieren zu können. Alle Interviewpersonen haben einen akademischen Abschluss und mindestens eine Zusatzausbildung absolviert. Von großer Bedeutung in der Trauerbegleitung sind kulturelle Ressourcen, denn das Anhäufen von Wissen bedarf Bildung, im Sinne des inkorporierten kulturellen Kapitals. Erkenntnisse über Abläufe von Trauerprozessen und Formen der Unterstützung und Begleitung müssen individuell erlernt werden, d.h. das Wissen kann nicht auf andere Personen übertragen werden. Zudem bedarf es einer Investition an Zeit, die aufgebracht werden muss, um sich Wissen und Fertigkeiten anzueignen. In den Interviews wurden darüber hinaus Freizeitbeschäftigungen genannt, für die die betreffenden Personen über eine gewisse Zeit sich Fähigkeiten erworben, also verinnerlicht haben: Ausbildung zur Winzerin, Stilles Qi Gong und Singen. Der Wert des inkorporierten kulturellen Kapitals scheint groß zu sein: Mehrere Interviewpersonen berichteten von stetiger Nachfrage an Begleitungen, es scheint im Bereich der Trauerarbeit zu wenige Begleiter*innen zu geben. Alle Interviewpartner*innen haben einen gewissen Stand in diesem Bereich, durch ihr abgeschlossenes Studium und den dadurch erworbenen Titel sind sie für ihre Arbeit qualifiziert. Darauf aufbauende Fort- und Weiterbildungen bekräftigen ihre Kompetenz für ihre Arbeit. Nach Bourdieu handelt es sich um institutionalisiertes Kulturkapital (vgl. Bourdieu 1983, S. 189–190). An dieser Stelle muss jedoch auch aufgeführt werden, dass der Besitz von Titeln in der Trauerarbeit keineswegs ausreichend für eine fruchtbare Begleitung ist. Vieles hängt von der Persönlichkeit der*des Professionellen ab, Eigenschaften wie Empathie und Geduld können nur bedingt erlernt werden und für einen gelingenden Beziehungsaufbau zwischen Begleiter*in und Klient*in spielt mindestens eine genauso große Rolle, dass Gespräche auf Vertrauensbasis stattfinden können.

Trauerarbeit ist also Beziehungsarbeit. Im beruflichen Kontext als institutionalisierte Beziehung bezeichnet, sind Begleiter*in und Klient*in in ständigem Austausch gegenseitiger Anerkennung. Zudem stehen beide Seiten in einem Abhängigkeitsverhältnis: Dabei sind die Klient*innen aufgrund ihrer akuten Krise in der abhängigeren Position, denn sie sind auf die psychische Unterstützung durch ihr Gegenüber angewiesen. Eine Interviewperson (Interview 5) beschreibt dies als Macht gegenüber Ohnmächtigen. Die Trauerbegleiter*innen erwerben aus der Beziehung ökonomische Ressourcen in Form von Geld, zudem beinhaltet diese Beziehung symbolische Ressourcen in Form von Anerkennung und Wertschätzung. Ein Großteil der Befragten kann Kraft aus positiven Rückmeldungen ziehen, die ihnen Bestärkung für weitere Begleitungen sind. Die symbolische Wirkkraft des Feedbacks gilt jedoch nur für den Bereich der Trauerarbeit, das Ansehen der Begleiter*innen lässt sich nicht auf ein anderes Feld transferieren.

Bourdieu benennt das Eingebundensein in ein Beziehungsnetz und die Wichtigkeit eines Zugehörigkeitsgefühls zu einer Gruppe als Bestandteile des sozialen Kapitals (vgl. Bourdieu 1983, S. 190–191). Ein stabiles soziales Umfeld ist für die Begleiter*innen eine wichtige Ressource, in Interview 4 wurde vom Rückhalt durch das familiäre System gesprochen, die Befragte in Interview 2 spricht von einem allgemeinen Gefühl des Verbundenseins mit anderen Menschen. Bourdieu beschreibt, dass Sozialbeziehungen keineswegs selbstlos sind, sondern durch ständige Aufrechterhaltung der Sozialbeziehungen mithilfe materieller und symbolischer Ressourcen gegenseitige Verpflichtungen und Ansprüche entstehen (vgl. Bourdieu 1983, S. 190–191). In den Interviews wurde deutlich, dass Ansprüche an Sozialbeziehungen im Sinne von Ausgleich und Unterstützung zum Beruf gestellt werden.

In Kapitel 6 wird Spiritualität als Ressource formuliert, anhand von vier Thesen wird bekräftigt, dass Spiritualität eine anzuerkennende Ressource für jedes Individuum sein kann, in meiner Bachelorthesis vor allem bezogen auf Personen im sozialen Bereich. Die einzelnen Thesen werden mit den Forschungsergebnissen in Verbindung gebracht und diskutiert:

Zu These 1: Spiritualität als eine eigene (existentielle) Dimension des Menschseins

Die Interviewpersonen berichteten sehr individuell von ihrer Spiritualität, dabei spielen beispielsweise Erfahrungen mit anderen Kulturen und Religionen eine Rolle, genauso wie eigene Geschichten mit Trauer. Die Spiritualität der Befragten wurde von ihren Lebenserfahrungen geprägt und geformt. Die Ergebnisse der Forschung zeigen auch, dass die spirituelle Dimension die anderen Dimensionen der Gesundheit beeinflusst, so berichtete eine Interviewperson, dass der gemeinschaftliche Austausch über biblische Texte und deren Bedeutung für die heutige Zeit eine Kraftquelle für sie ist.

Zu These 2: Spiritualität zeigt sich in einem individuellen Entwicklungsprozess

Dass Spiritualität etwas sehr intimes, individuell Gestaltetes ist, zeigen die unterschiedlichen Definitionen der Interviewpersonen. Ob Personen sich als spirituell verstehen, hängt von ihrer Sozialisation und ihrer Lebensgeschichte ab. Zu erwarten und doch auffällig war, dass Befragte mit theologischer Ausbildung häufiger einen Zugang zu Spiritualität haben und diese auch in ihre Berufspraxis integriert haben, als Befragte mit einem Abschluss im sozialwissenschaftlichen Bereich. Spiritualität wird in einem individuellen Entwicklungsprozess gelebt, die Befragten nannten unterschiedliche Haltungen, Handlungen und Rituale, die ihnen in Bezug auf Spiritualität wichtig sind. Dennoch gibt es eine auffallende Gemeinsamkeit: die Auseinandersetzung mit der Natur als hohem Gut hat für den Großteil der Interviewpersonen spirituellen Charakter.

Zu These 3: Hauptdimension der Spiritualität ist eine existentielle Sinn-Suche

In kritischen Lebensereignissen, die oft einen Wendepunkt im Leben darstellen, wird die Sinn-Frage als wesentlicher Bestandteil des Menschseins virulent und existentiell. In der Forschung wird Spiritualität häufig mit der Sinn-Suche in Verbindung gebracht. In der Trauerbegleitung wird dies vor allem in der Frage nach dem *Warum?* deutlich. Über die Hälfte der Befragten erzählten von Gesprächen, in denen die Klient*innen unabhängig von ihrer Religion oder ihrer Spiritualität nach dem *Warum?* fragten. Die Frage zielte selten darauf, rationale Erklärungen im Sinne von Ursachen für das Schicksal als Antwort zu bekommen. In der Begleitung wurde deutlich, dass es dabei um mehr als real existierende Zustände geht, sondern sich die Frage auf den Sinn des Lebens und die Daseinsberechtigung der Menschen überhaupt bezieht. Die Sinnfindung spielt erst an späterer Stelle im Trauerprozess eine Rolle, eine Interviewpartnerin (Interview 2) berichtete von trauernden Vätern, die für ihre Söhne einen Marathon gelaufen sind und darin einen Auftrag für das Leben gefunden haben. Die Sinnfindung im Trauerprozess könnte man also als Umkehr der Trauer hin zum Leben deuten.

Zu These 4: Spiritualität ist Gesundheitsdeterminante

Steinmann beschreibt in seinem Buch Spiritualität als grundlegenden Bedingungsfaktor für Gesundheit (vgl. Steinmann 2008, S. 71). In der vorliegenden Forschung wurden keine expliziten Fragen zum Gesundheitsempfinden der Interviewpersonen gestellt. Es ist jedoch naheliegend anzunehmen, dass spirituelle Handlungen den Befragten gut tun, wenn sie diese gern und regelmäßig vollziehen. Intrinsische Religiosität und Spiritualität wirkt sich positiv auf die Gesundheit, physisch und psychisch aus. Das Konzept der Salutogenese kommt hier zum Tragen: Ist die Welt verstehbar, handhabbar und sinnhaft, so kann das Individuum mit Stressoren besser umgehen. Trauerbegleiter*innen sind in ihrer täglichen Arbeit mit Schicksalsschlägen konfrontiert, die zunächst nicht einzuordnen sind. Die Erfahrung, dass trauernde Menschen in ihrem Schicksal eine Sinnhaftigkeit entdecken konnten, ist wichtige Kraftquelle für die Trauernden selbst, wie auch für die Begleiter*innen.

Dass Religion auch schaden kann, beschreiben sowohl Walach als auch Steinmann. Sie sind sich einig, dass eine extrinsische Religiosität, die sich stark an den Normen der Religionen ausrichtet, der Gesundheit schaden kann (vgl. Steinmann 2008, S. 65–66; Walach 2011, S. 33). Dies bestätigten auch zwei der Interviewten: Spiritualität darf nicht von außen auferlegt werden, beispielsweise durch die*den Trauerbegleiter*in und kann auch von den Trauernden selbst nicht zwanghaft als Unterstützung angewandt werden.

Die Ergebnisse der Forschung zeigen, dass Spiritualität für Trauerbegleiter*innen eine wichtige Ressource sein kann, die individuell gelebt wird und nicht notwendigerweise an Religionen und Institutionen gebunden ist. In der Trauerbegleitung ist die Auseinandersetzung mit einer transzendenten, nicht greifbaren Macht – oft in Gestalt eines Gottes – unumgänglich. Spiritualität kann als Ressource im Trauerprozess dienen, wenn sie aus intrinsischen Bedürfnissen gelebt wird und nicht doktrinär wirkt.

10 Kritik und Ausblick

Nachfolgend wird auf Grenzen der vorliegenden Forschung eingegangen und ein Resümee des Forschungsprozesses gezogen, darüber hinaus werden Ideen für weitere Forschungen skizziert.

Im Laufe des Forschungsprozesses konnte ich veränderungswürdige Aspekte des Leitfadens erkennen. Diese bezogen sich vor allem auf den Bereich der Sinn-Frage. Erst beim Auswerten der Interviews wurde mir die Relevanz des Themas deutlich. In jedem Trauerprozess ist das Geschehen zunächst sinnlos, das Weiterleben der Hinterbliebenen scheint ohne Sinn. Jedoch wurde in den Gesprächen oft berichtet, wie Menschen lernen, in der Verlusterfahrung einen Sinn für sich zu finden. Darauf würde ich im Nachhinein einen größeren Fokus legen, weil diese Sinnhaftigkeit auch für die Trauerbegleiter*innen eine große Rolle spielt und die dadurch entstehenden guten Entwicklungen eine wichtige Ressource für sie sind, ihre Begleitungspraxis weiterführen zu können.

Ein kritischer Punkt der Forschung ist die Auswahl der Interviewpersonen: Vier der Befragten haben eine theologische Ausbildung absolviert. Auf diesem Hintergrund sind auch die Forschungsergebnisse zu deuten. Es war anzunehmen, dass diese Personen mit dem Thema Spiritualität vertraut sind und sich kontinuierlich damit auseinandersetzen. Im Nachhinein betrachtet wäre es spannend gewesen, konfessionsgebundene und konfessionslose Personen zu interviewen und anschließend die Ergebnisse auf Überschneidungen und Unterschiede zu untersuchen.

Grenzen zeigt die Forschung zunächst in Bezug auf allgemeingültige Aussagen über Spiritualität auf. Wer den Anspruch stellt, einen *common sense* darüber zu bekommen, was Spiritualität ist, wird enttäuscht. Denn das Gegenteil ist hier der Fall: Spiritualität wird von den Interviewpartner*innen höchst individuell definiert und gelebt. Die Forschungsergebnisse belegen, dass Spiritualität weit zu fassen und sehr facettenreich ist. Diese Vielschichtigkeit von Spiritualität ist ihre größte Stärke, sie bietet jedem Individuum die Chance, sich ihrer zu bedienen und sie zu einer persönlich gestalteten Ressource zu machen. In diesem Sinne ist Spiritualität als Ressource der Entgrenzung zu betrachten. Sie geht über die Grenzen von Religionen und Konfessionen hinaus, lässt sich in ihrem Ausdruck nicht festlegen.

Der Fokus der vorliegenden Forschung liegt auf den Trauerbegleiter*innen und der Frage, welche Ressourcen ihnen für die Arbeit dienlich sind. Würde ich diese Forschung nochmals durchführen, würde ich dem Thema Nähe und Distanz eine größere Aufmerksamkeit schenken. Ich würde forschen, inwiefern Trauerbegleiter*innen ihren Klient*innen größte Empathie entgegenbringen und sich gleichzeitig von deren Schicksal abgrenzen können, auf dem Hintergrund, dass sie mit großer Wahrscheinlichkeit selbst schon nahestehende Personen durch Tod verloren haben. Ein weiterer Punkt, der von einer Interviewpartnerin angesprochen wurde und für Studierende der Sozialen Arbeit große Bedeutung hat, ist die Auseinandersetzung mit Sterben, Tod und Trauer und die Vorbereitung im Studium für diese besondere Art von Begleitung. Eine Frage in den Interviews könnte sein, inwiefern man sich inhaltlich wie emotional auf diese Begleitungssituationen vorbereiten kann.

Über die vorliegende Forschung hinaus könnte es auch von Interesse sein, die Klient*innen der Trauerbegleitungen nach ihren Ressourcen zu befragen, die ihnen im Umgang mit ihrer Trauer hilfreich sind. Dafür müsste ein spezifisch auf die Zielgruppe ausgerichteter Leitfaden entwickelt werden, der ihrem Trauererleben eine größere Aufmerksamkeit einräumt. In dieser Forschung wäre es interessant zu erfahren, welche Formen von Spiritualität positiv wirksam sind und welche sich negativ auf den Trauerprozess auswirken.

11 Fazit

Die Forschung zum Thema Spiritualität als Ressource kommt zu einem aussagekräftigem Ergebnis: Spiritualität ist eine bedeutende Dimension des Menschseins und eine nicht zu vernachlässigende Ressource in der Trauerbegleitung. Sowohl Säkularisierung wie auch Individualisierung ändern nichts an der Tatsache, dass der Mensch ein spirituelles Wesen ist, das Zeit seines Lebens nach Sinn und Daseinsberechtigung sucht. In unserem schnelllebigen Alltag scheint diese existenzielle Suche unterzugehen, einschneidende Situationen – wie es der Tod einer nahestehenden Person ist – konfrontieren uns unweigerlich mit unserer eigenen Sterblichkeit.

Der Mensch als spirituelles Wesen muss in der Sozialen Arbeit in Blick genommen und gewürdigt werden. Eine Profession, die der Ressourcenorientierung ein hohes Maß an Wirksamkeit zuschreibt, kann den spirituellen Aspekt dieser Haltung nicht länger ignorieren, sondern muss ihn produktiv erschließen. Ebenso sollte eine katholische Hochschule, die ein christliches Wertebild vertritt, Spiritualität als einer nicht zu vernachlässigenden Ressource mehr Bedeutung zumessen. Darüber hinaus könnte gerade eine solche Hochschule dieses Thema nutzen, um Forschungen in diesem Gebiet voranzutreiben und sich damit zu profilieren.

Für Trauerbegleiter*innen und deren Klient*innen gilt dasselbe. Auch hier kann nicht negiert werden, dass Spiritualität eine (existentielle) Dimension im Trauerprozess ist. Ressourcenorientiert arbeiten heißt, sich der Bedürfnisse und Wünsche des trauernden Menschen anzunehmen, die Vielfalt von spirituellen Aspekten im Trauerprozess wahrzunehmen und sie im Heilungsprozess wirksam werden zu lassen. Eine ressourcenorientierte Begleitung in allen Dimensionen zielt darauf ab, dass trauernde Menschen mit dem erfahrenen Verlust weiterleben lernen, indem sie sinnstiftende Elemente in ihrem Leben wieder bzw. neu entdecken. „Es wäre jedenfalls schon viel, man könnte der Möglichkeit, dass es wieder schön wird, wenigstens eine Chance geben. Es könnte wieder schön werden, anders wird es auf jeden Fall" (Daiker 2013, S. 10–11).

Literaturverzeichnis

Antonovsky, Aaron (1997): Salutogenese. Zur Entmystifizierung der Gesundheit. Hg. v. Alexa Franke. Tübingen: dgvt Verlag (Forum für Verhaltenstherapie und psychosoziale Praxis, Band 36). Online verfügbar unter http://d-nb.info/952269910/04.

Bourdieu, Pierre (1983): Ökonomisches Kapital, kulturelles Kapital, soziales Kapital. In: Reinhard Kreckel (Hg.): Soziale Ungleichheiten. Göttingen: Schwartz (Soziale Welt Sonderband, 2), S. 183–198.

Bourdieu, Pierre (2004): Meditationen. Zur Kritik der scholastischen Vernunft. Unter Mitarbeit von Hélène Albagnac und Bernd Schwibs. 1. Auflage. Frankfurt am Main: Suhrkamp (Suhrkamp-Taschenbuch Wissenschaft, 1695).

Bourdieu, Pierre; Russer, Achim (1998): Die feinen Unterschiede. Kritik der gesellschaftlichen Urteilskraft. 10. Auflage 2018. Frankfurt am Main: Suhrkamp (Suhrkamp-Taschenbuch Wissenschaft, 658).

Daiker, Angelika (2013): Es wird wieder schön, aber anders. Ein Buch für verwitwete Frauen. 4. Aufl. Ostfildern: Patmos-Verl.

Ebertz, Michael N. (2004): Die Wüste lebt. Spiritualität statt Frömmigkeit? In: Maria Jepsen (Hg.): Evangelische Spiritualität heute. Mehr als ein Gefühl. Stuttgart: Kreuz-Verl. (Zeitzeichen), S. 13–31.

Filipp, Sigrun-Heide; Aymanns, Peter (2018): Kritische Lebensereignisse und Lebenskrisen. Vom Umgang mit den Schattenseiten des Lebens. 2., aktualisierte Auflage. Stuttgart: Verlag W. Kohlhammer. Online verfügbar unter https://ebookcentral.proquest.com/lib/gbv/detail.action?docID=5504270.

Fuchs-Heinritz, Werner; König, Alexandra (2011): Pierre Bourdieu. Eine Einführung. 1. Aufl. Stuttgart: UTB GmbH. Online verfügbar unter http://www.utb-studi-e-book.de/9783838535517.

Hell, Daniel (2013): Die Sprache der Seele verstehen. Zur Bedeutung von Spiritualität in existenziellen Notlagen und bei psychischen Beeinträchtigungen. In: Jürgen Armbruster, Peter Petersen und Katharina Ratzke (Hg.): Spiritualität und seelische Gesundheit. 1.Auflage. Köln: Psychiatrie Verlag, S. 16–26.

Jakob, Beate; Bartmann, Peter (2013): Gesundheit und Gesundheitsförderung: Ansätze zur Integration der spirituellen Dimension in Konzepte und die Arbeit der WHO. In: Jürgen Armbruster, Peter Petersen und Katharina Ratzke (Hg.): Spiritualität und seelische Gesundheit. 1.Auflage. Köln: Psychiatrie Verlag, S. 48–62.

Jork, Klaus (2003): Das Modell der Salutogenese von Aaron Antonovsky. In: Klaus Jork und Nossrat Peseschkian (Hg.): Salutogenese und positive Psychotherapie. Gesund werden - gesund bleiben. 1. Aufl. Bern: Huber (Gesundheitsberufe), S. 17–25.

Jurt, Joseph (2012): Bourdieus Kapital-Theorie. In: Manfred Max Bergman, Sandra Hupka-Brunner, Thomas Meyer und Robin Samuel (Hg.): Bildung - Arbeit - Erwachsenwerden. Ein interdisziplinärer Blick auf die Transition im Jugend und jungen Erwachsenenalter. Wiesbaden: Springer, S. 21–41.

Koller, Hans-Christoph (2010): Grundbegriffe, Theorien und Methoden der Erziehungswissenschaft. Eine Einführung. 5. Aufl. Stuttgart: Kohlhammer (Kohlhammer-Urban-Taschenbücher Pädagogik, Erziehungswissenschaft, 480).

Köppel, Monika (2003): Salutogenese und Soziale Arbeit. Lage: Jacobs.

Kruse, Jan (Hg.) (2015): Qualitative Interviewforschung. Ein integrativer Ansatz. 2., überarbeitete und ergänzte Auflage. Weinheim, Basel: Beltz Juventa (Grundlagentexte Methoden). Online verfügbar unter http://www.content-select.com/index.php?id=bib_view&ean=9783779941620.

Lewkowicz, Marina; Lob-Hüdepohl, Andreas (Hg.) (2003): Spiritualität in der sozialen Arbeit. Freiburg im Breisgau: Lambertus. Online verfügbar unter http://www.socialnet.de/rezensionen/isbn.php?isbn=978-3-7841-1440-8.

Mahler, Roland (2018): Christliche Soziale Arbeit. Menschenbild, Spiritualität, Methoden. Stuttgart: Verlag W. Kohlhammer. Online verfügbar unter https://ebookcentral.proquest.com/lib/gbv/detail.action?docID=5510392.

Mayring, Philipp (2000): Qualitative Inhaltsanalyse. Hg. v. Forum Qualitative Sozialforschung/Forum:Qualitative Social Research. Online verfügbar unter http://www.qualitative-research.net/index.php/fqs/article/view/1089/2383, zuletzt geprüft am 14.02.2020.

Mayring, Philipp (2015): Qualitative Inhaltsanalyse. Grundlagen und Techniken. 12., überarb. Aufl. Weinheim: Beltz (Beltz Pädagogik). Online verfügbar unter http://content-select.com/index.php?id=bib_view&ean=9783407293930.

Möller, Arnulf (2007): Spiritualität und Religiosität - Sinnfragen als Thema der Medizinpsychologie. In: Hans Förstl (Hg.): Theory of mind. Neurobiologie und Psychologie sozialen Verhaltens. Heidelberg: Springer Medizin, S. 163–169.

Oerter, Rolf; Montada, Leo (2008): Entwicklungspsychologie. Lehrbuch. 6., vollst. überarb. Aufl. Weinheim: Beltz (Grundlagen Psychologie). Online verfügbar unter http://www.content-select.com/index.php?id=bib_view&ean=9783621278478.

Przyborski, Aglaja; Wohlrab-Sahr, Monika (2008): Qualitative Sozialforschung. Ein Arbeitsbuch. 1. Aufl. München: Oldenbourg. Online verfügbar unter http://ebooks.ciando.com/book/index.cfm/bok_id/15050.

Steinmann, Ralph Marc (2008): Spiritualität - die vierte Dimension der Gesundheit. Eine Einführung aus der Sicht von Gesundheitsförderung und Prävention. 3., vollständig überarb. Aufl. Wien: LIT (Psychologie des Bewusstseins Texte, 11).

Utsch, Michael (2013): Spiritualität in der psychiatrisch- psychotherapeutischen Praxis: eine verloren gegangene oder eine wiedergefundene Dimension? In: Jürgen Armbruster, Peter Petersen und Katharina Ratzke (Hg.): Spiritualität und seelische Gesundheit. 1.Auflage. Köln: Psychiatrie Verlag, S. 27–47.

Walach, Harald (2011): Spiritualität. Warum wir die Aufklärung weiterführen müssen. Klein Jasedow: Drachen-Verl.

Weiher, Erhard (2011): Das Geheimnis des Lebens berühren. Spiritualität bei Krankheit, Sterben, Tod ; eine Grammatik für Helfende. 3., erw. und aktualisierte Aufl. Stuttgart: Kohlhammer. Online verfügbar unter http://shop2.kohlhammer.de/shopX/shops/kohlhammer/data/pdf/978-3-17-021922-9_L.pdf.

Weltgesundheitsorganisation (2005): Bangkok Charta für Gesundheitsförderung in einer globalisierten Welt. Online verfügbar unter https://www.who.int/healthpromotion/conferences/6gchp/BCHP_German_version.pdf.

Weltgesundheitsorganisation (2014): Verfassung der Weltgesundheitsorganisation. Online verfügbar unter https://www.admin.ch/opc/de/classified-compilation/19460131/201405080000/0.810.1.pdf.

Willutzki, Ulrike (2013): Ressourcen: Einige Bemerkungen zur Begriffsklärung. In: Johannes Schaller und Heike Schemmel (Hg.): Ressourcen. Ein Hand- und Lesebuch zur psychotherapeutischen Arbeit. 2., vollst. überarb. und erw. Aufl. Tübingen: Dgvt-Verl., S. 61–82.

Witzel, Andreas (1985): Das problemzentrierte Interview. In: Gerd Jüttemann (Hg.): Qualitative Forschung in der Psychologie: Grundfragen, Verfahrensweisen, Anwendungsfelder. Weinheim: Beltz, S. 227–255. Online verfügbar unter https://www.ssoar.info/ssoar/bitstream/handle/document/563/ssoar-1985-witzel-das_problemzentrierte_interview.pdf, zuletzt geprüft am 05.12.2019.

Witzel, Andreas (2000): Das problemzentrierte Interview. Hg. v. Forum Qualitative Sozialforschung/Forum:Qualitative Social Research. Online verfügbar unter http://www.qualitative-research.net/index.php/fqs/article/view/1132/2519, zuletzt geprüft am 05.12.2019.

MenschenArbeit. Freiburger Studien

Herausgegeben von Michael N. Ebertz, Werner Nickolai und Martin Becker

1: Jochen Hilpert, **Partizipative Jugendarbeit und Bürgerengagement.** Über die Praxis einer Theorie.
1996, 192 Seiten, € 16,36. ISBN 3-89649-038-9

2: Katrin Huber-Sheik, **Sozialer Brennpunkt**. Sozialstruktur und Sanierung in einem Freiburger Stadtteil.
1996, 148 Seiten, € 15,24. ISBN 3-89649-039-7

3: Norbert Scheiwe (Hrsg.), **Mit jungen Menschen auf dem Weg in die Zukunft**.
1996, 156 Seiten, € 15,24. ISBN 3-89649-040-0

4: Ausländerbeirat der Stadt Freiburg (Hrsg.), **Kinder sind Bürger einer Welt**. Interkulturelle Erziehung in einer Kindertagesstätte.
1997 (2. Auflage), 176 Seiten, € 15,24. ISBN 3-89649-041-9

5: André Paul Stöbener, **Die Pflegeversicherung**. (vergriffen)

6: Petra Hauser, **Zuflucht gefunden?** Die rechtliche und soziale Situation von unbegleiteten Flüchtlingskindern im deutsch-italienischen Vergleich.
1997, 184 Seiten, € 15,24. ISBN 3-89649-050-8

7: Matthias Linnenschmidt, **Arbeiten mit Menschen als Studien- und Berufswunsch.** Soziale Herkunft und Studienmotivation von BewerberInnen der Katholischen Fachhochschule Freiburg - Hochschule für Sozialwesen, Religionspädagogik und Pflege - Ergebnisse einer Erhebung.
1997, 96 Seiten, € 15,24. ISBN 3-89649-143-1

8: Annette Bukowski, **Benachteiligungen im Jugendstrafvollzug?** Ergebnisse qualitativer Interviews mit türkischen Insassen.
1997, 104 Seiten, € 15,24. ISBN 3-89649-254-3

9: Barbara Denz, **Auf dem Weg zur Gleichberechtigung.** Konzeptionsbildung für kommunale Gleichstellungsstellen, dargestellt am Beispiel der Kommunalen Stelle für Frauenfragen im Landkreis Waldshut.
1998, 108 Seiten, € 15,24. ISBN 3-89649-271-3

10: Michael N. Ebertz / Werner Nickolai unter Mitarb. von Heidrun Huber: **Mächtig - ohnmächtig. Jugendliche im ländlichen Raum.** Eine empirische Exploration.
1999, 224 Seiten, € 20,20. ISBN 3-89649-367-1

11: Christoph Schneider, **Die Verstaatlichung des Leibes.** Das „Gesetz zur Verhütung erbkranken Nachwuchses“ und die Kirche. Eine Dokumentenanalyse.
2000, 330 Seiten, € 27,60. ISBN 3-89649-516-X

12: Patrick Hueter, **Die psychiatrische Versorgung in Theorie und Praxis in Deutschland und Italien im Vergleich - unter besonderer Berücksichtigung der sozialen Arbeit.**
2000. 188 Seiten, € 24,54. ISBN 3-89649-598-4

13: Barbara Schramkowski, **Interkulturelle Mediation**. Mediation als eine Methode des konstruktiven Umgangs mit Interkulturellen Konflikten in Städten mit hohem multikulturellen Bevölkerungsanteil. **(vergriffen)**

14: Ursula Geißner / Werner Nickolai (Hrsg.), **Inklusion - Exklusion.** Helfende Berufe im Schatten ihrer Geschichte.
2002, 144 Seiten, EUR 15,-. ISBN 3-89649-782-0

Hartung-Gorre Verlag D-78465 / Tel.: +49 (0) 7533 97227 // Fax: +49 (0) 7533 97228
http://www.hartung-gorre.de // eMail: verlag@hartung-gorre.de

MenschenArbeit. Freiburger Studien

Herausgegeben von Michael N. Ebertz, Werner Nickolai und Martin Becker

15: Stefan Michel, **Qualitätsmanagement in der stationären Suchtbehandlung als Prozess organisationalen Lernens.**
2002, 152 Seiten, EUR 19,50. ISBN 3-89649-805-3

16: Karin Racke, **Berufspolitische Interessenorganisationen in der Sozialen Arbeit am Rande der Bedeutungslosigkeit**
dargestellt am Deutschen Berufsverband für Soziale Arbeit e. V. (DBSH).
2003, 174 Seiten, € 22,-. ISBN 3-89649-837-1

17: Michael Ganster, **Christlich spirituelle Inhalte in zeitgenössischer Popmusik am Beispiel Xavier Naidoos und ihre Rezeption bei Jugendlichen.**
2003, 154 Seiten, € 19,80. ISBN 3-89649-843-6

18: Simone Müller, **Anleitung im praktischen Studiensemester.** Ein Kernstück im Studium der Sozialen Arbeit.
2003, 166 Seiten, € 19,50. ISBN 3-89649-856-8

19: Manuel Fuchs, **Jugendarbeit und Schule in Kooperation.** Von der Ganztagsbetreuung zur Ganztagsbildung.
2005, 180 Seiten, € 19,80. ISBN 3-86628-013-0

20: Christian Biendl, **Jugendstrafvollzug in freier Form** am Beispiel des "Projekt Chance".
2005, 2007², 152 Seiten; € 18,00. ISBN 3-86628-019-X

21: Ralph Mackmull, **Der Mann und die Kirche - Eine Beziehung in der Krise?**
Von Gefahren und Chancen kirchlicher Männerarbeit.
2006, 170 Seiten, € 18,00. ISBN 3-86628-100-5

22: Edgar Kösler / Michael N. Ebertz / Erika Heusler (Hrsg.),
Arbeit an den Grenzen. Zur Professionalisierung von Sozial- und Gesundheitsberufen.
Eine Weg-Gabe für Christoph Steinebach.
2007, 232 Seiten, € 18,00. ISBN 3-86628-168-4

23: Thorsten Kleiner, **Frühe Bindungserfahrungen und ihre Auswirkung auf die Gestaltung von Peer-Beziehungen in Gruppentherapien** - Analyse einer Kinderpsychodrama-Gruppe.
2008, 232 Seiten, € 18,00. ISBN 3-86628-213-3

24: Michael N. Ebertz, Werner Nickolai, Renate Walter-Hamann (Hrsg.), **Opfer, Täter und Institutionen in der nationalsozialistischen Gesellschaft** — Blicke aus der Gegenwart.
2009, 186 Seiten, € 18,00. ISBN 3-86628-233-8

25: Nils Weiser, **Gymnasium in acht Jahren - Zeitgewinn durch Zeitverlust oder doch nur Frust?** Eine Befragung von Schülern über G8 und die Folgen.
2009, 184 Seiten, € 18,00. ISBN 3-86628-269-9

26: Christine Jung, **Schule und Jugendarbeit in Kooperation.**
Spannungen, Chancen und Grenzen.
2009, 350 Seiten, € 22,00. ISBN 3-86628-270-2

27: Felix Neumann, **Sozialstiftungen.**
Sozialstiftungen in Nähe und Distanz zum deutschen Sozialstaat.
2010, 120 Seiten, € 18,00. ISBN 3-86628-311-3

MenschenArbeit. Freiburger Studien

Herausgegeben von Michael N. Ebertz, Werner Nickolai und Martin Becker

28: Anna Lucia Jocham, **Antiziganismus:**
Exklusionsrisiken von Sinti und Roma durch Stigmatisierung.
2010, 220 Seiten, € 18,00. ISBN 3-86628-313-X

29: Alexandra Dold, **Polizei und soziale Hilfe als soziale Systeme.**
Chancen und Grenzen der Koordination.
2010, 198 Seiten, € 18,00. ISBN 3-86628-335-0

30: Almut Herrenbrück, **Pflegende Söhne –** gängige Rollenmuster oder neue Lebensentwürfe?
2010, 140 Seiten, € 18,00. ISBN 3-86628-336-9

31: Jürgen Sehrig, **Befremden, Anerkennung und Selbsterkundung –**
Interviews zur Mitbeteiligung und Faszination im Nationalsozialismus
2013. 414 Seiten. €29,80 .ISBN3-86628-477-2

32: Werner Nickolai, Jürgen E. Schwab, **Anders als erwartet.** Was bleibt von einer deutsch-polnischen Jugendbegegnung zwischen Geschichte und Gegenwart.
2014. 142 Seiten. € 18,00. ISBN 3-86628-517-5

33: Martin Becker, **GWA-Personalbemessung.** Orientierungshilfe zur Personalbemessung professioneller Sozialer Arbeit im Handlungsfeld der Stadtteil- und Quartierentwicklung.
2016. 360 Seiten. € 29,80. ISBN 978-3-86628-576-7

34: Julia Frank, Gerald Greschel, **Vom Stigma zum Eingriff.** Erziehungsalltag im Erzbischöflichen Kinderheim St. Anton in Riegel zur Zeit des Nationalsozialismus.
2016. 160 Seiten. € 18,00. ISBN 978-3-86628-578-1.

35: Werner Nickolai, Jürgen E. Schwab,
Partner in ähnlicher Mission? Polizei und Soziale Arbeit. Eine empirische Feldstudie zu Fremd- und Selbstbildern in der Kooperation der Berufsgruppen.
2017, 156 Seiten, € 18,00. ISBN 978-3-86628-604-7

36: Dominic Mann, Annette Bukowski, Werner Nickolai
Vom Runden Tisch gegen Ausländerfeindlichkeit zum Runden Tisch für Mitmenschlichkeit. Die Geschichte des Runden Tisches in Breisach.
2018, 238 Seiten, 18,00 € ISBN 978-3-86628-622-1.

37: Solveig Roscher, **Ungleichverteilung als soziales Problem.**
Frauen in Führungspositionen in börsennotierten Unternehmen.
2019, 106 Seiten, 18,00 € ISBN 978-3-86628-654-2.

38: Erika Adam und Stephanie Bohlen (Hrsg.), **Autonomie und Gerechtigkeit als Illusion?**
Beiträge zu einer mehrdimensionalen Ethik aus zehn Jahren M.A. Angewandte Ethik.
1. Aufl. 2019. 332 Seiten, € 34,80. ISBN 978-3-86628-617-7

Hartung-Gorre Verlag D-78465 / Tel.: +49 (0) 7533 97227 // Fax: +49 (0) 7533 97228
http://www.hartung-gorre.de // eMail: verlag@hartung-gorre.de